JN137538

まんがでわかる

発想法

ひらめきを生む技術

【原作】川喜田二郎
【作画】山田しぶ

中央公論新社

はじめに

本書は、川喜田二郎著『発想法――創造性開発のために』、『続・発想法――KJ法の展開と応用』（ともに中公新書）を元にまんが化・再構成したものです。

オリジナル版は、それぞれ1967年6月、1970年2月に刊行され、現在までに合計140万部を超えるロングセラーとなりました。

原作者である川喜田氏は自身の研究の中で、複雑で膨大なデータを「データそれ自体に語らしめつつ、いかに啓発的にまとめたらよいか」という問題に直面し、『発想法』すなわちアイデアを創り出す一つの方法を考案しました。それがKJ法です。

KJ法は、同じくアイデアを創り出す手法のブレーンストーミングとよく比較されますが、KJ法では、問題提起、記録、分類、統合など、作業を工程化することで、ユーモアや思いつきに頼らずともアイデアを創り出せることを証明しました。

本書には、そんな発想法のエッセンスをまんがでまとめることで、より幅広い層の人たちに触れていただきたいという思いが込められています。

まんがにすることで、オリジナル版以上に、簡単に、楽しく、そして短時間で読むこともできるようになりました。本書を読んで、発想法をさらに詳しく学びたいと思った方は、ぜひオリジナルの新書版も手にしていただけたら嬉しく思います。

ＫＪ法が考案されてから約半世紀。その技法も改善が繰り返された結果、アイデアの創造だけでなく、チームワークの向上、説得の技法など、さまざまな場面でＫＪ法が応用されるようになりました。これは、ＫＪ法が人間の本質的な思考に基づいて考案されたものだからです。時代が変わり、文化が変わろうと、ＫＪ法で培った知識が使えなくなるということはありません。

本書が、一人でも多くの方にとってアイデアを創り出すための一助となれば幸いです。

２０１９年２月

ワイ
ワイ
こちらはライトが手前側を照らすので読み書きをするのに最適です
へー
DIY用品をお探しですか?
カワイー
新生活にオススメなセットもございますよ
今日も順調! 順調!
やっぱりお客さんと話すのは楽しいなあ
家具の製造販売会社ヤチヨ入社4年目
緑川《みどりかわ》 千夏《ちなつ》
緑川
ウィーン

カツーン
平日の午前中にスーツの男性なんて珍しい…
あのー…何かお探しでしょうか?
ん?
うーん ちょっとねー……
キョロキョロ…
あ! そうだ どこにあるか教えてくれないかな
キッチン用品や収納ボックスを探しているんだけど
!
かしこまりました

キッチン用品はこちらですね
最近ではコーディネート済みのものが人気です
収納系でしたらこちらです
透明タイプや木材タイプもございまして
棚だけではなく収納ができるソファもご用意しております
お部屋がスッキリ見えます
ふーん…
ねえ店員さん
この椅子 似てるのに値段がだいぶ違うけど何か違うんですか？
¥6500
¥2800
はい
どちらも来客時などに補助的に使うと便利な椅子なのですが
お値段の高いほうは天然のオーク材を使用しています
オーク材は木目がきめ細かくモダンな雰囲気がありますので落ち着いた空間にレイアウトすると映えると思いますクッション部分も座ったとき包み込むような沈み方をするので長時間座っても疲れませんお値段の安いほうは薄い板を重ね合わせた合板を使用していますクッション材にはウレタンを使用していますので座り心地が違うように感じるかもしれません
ペラ
ペラ
ズイッ

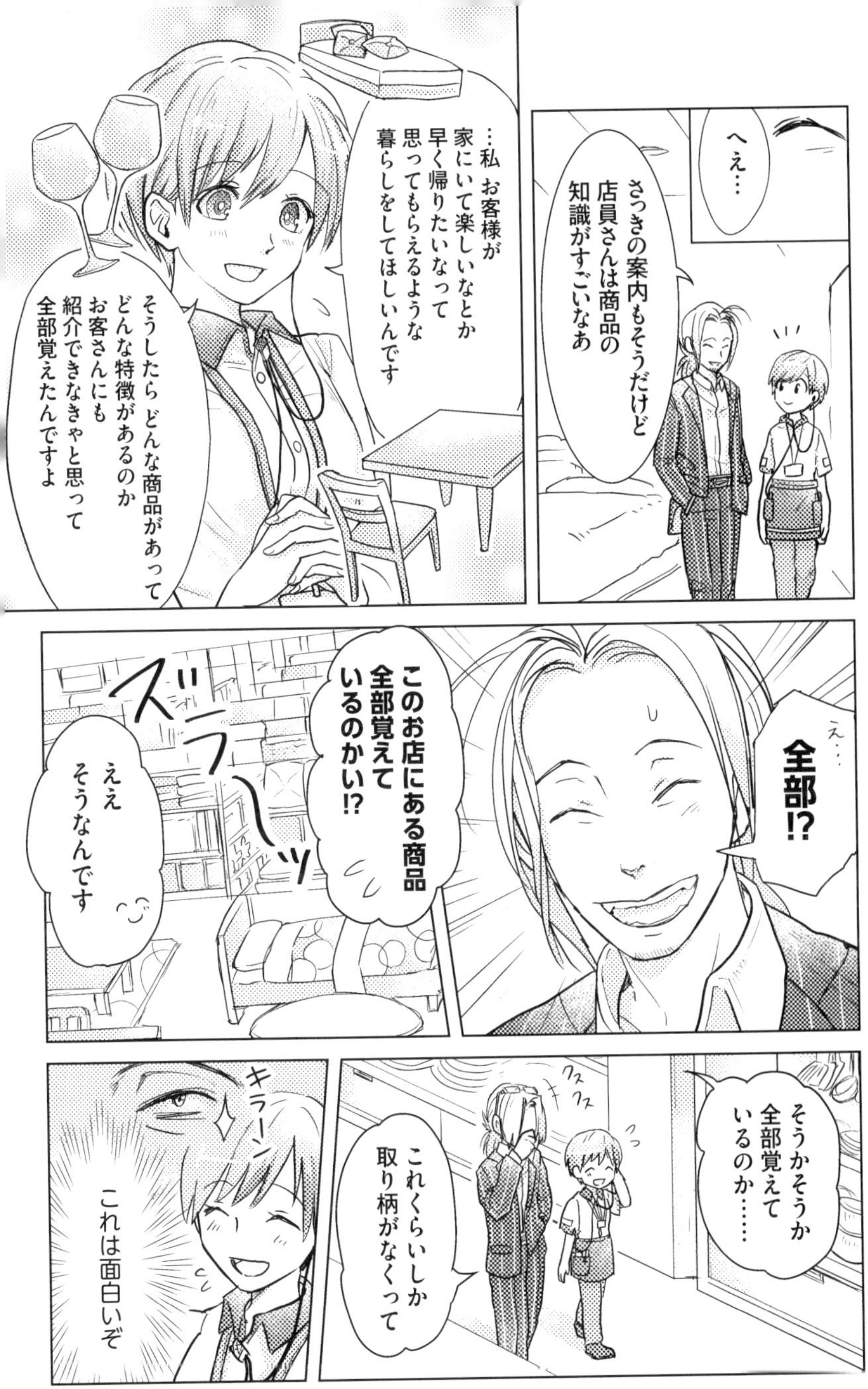
へえ…
さっきの案内もそうだけど店員さんは商品の知識がすごいなあ
…私 お客様が家にいて楽しいなとか早く帰りたいなって思ってもらえるような暮らしをしてほしいんです
そうしたら どんな商品があってどんな特徴があるのかお客さんにも紹介できなきゃと思って全部覚えたんですよ
え…
全部!?
このお店にある商品全部覚えているのかい!?
ズラーッ
ええ そうなんです
そうかそうか全部覚えているのか……
クスクス
これくらいしか取り柄がなくって
キラーン
これは面白いぞ

ゴソ
騙すようで
申し訳なかったが
実は私もヤチヨの
社員なんだ
え……
そうだったん
ですか!?
大谷宗一郎だ
よろしくな
はい名刺♪
み 緑川千夏です
よろしく
お願いします…
第2企画室
室長
大谷　宗一郎
……
第2企画室ってことは
もしかして企画を
考えるために
お店に来たんですか?
それもあるけど
メインはスカウトかな
第2企画室は
今年できたばかりでね
今は私しかいないんだ
へー
そうなんですか…
自分の会社のことなのに
全然知りませんでした
どなたか
いい人は
いましたか?
いらっしゃいませー
ああ
いたね

とりあえず緑川さんは決定かな
…え？
えー！無理です無理です私アイデア考えるの苦手だし…
あわわ
そういうのはもっとユーモアがある人にお願いしたほうがいいですよ
私には絶対接客のほうが合ってると思います
…ふーん緑川さんには企画職が合っていると思うんだけどなぁ
言ってただろう
お客さんによりよい生活提案がしたいって
企画室なら初期の段階からかかわることができるはずさ
それにユーモアや思いつきに頼らないアイデアを考える方法だってある
そ…
そんな方法があるんですか⁉

データを集め
その中から問題点や
新しいアイデアを
見つけていく発想法…
それがKJ法さ!
とにかく前向きに
検討してくれると
嬉しいな
ひら
ひら
…けっ
KJ…
法…?
キュッ
本当に…
KJ法っていうのを
使えば
企画の仕事が
できるのかなぁ
大谷さんは
向いてるって
言ってたけれど
自信ないよ…
お客さんに
よりよい
生活提案が
したいって…
……

ええ　この間は
ありがとう
ございました
コンコン
どうやら
来たみたいです
それでは
失礼します
ガチャ
どうぞ
ギ…
カッ
本日からここで
お世話になります
緑川千夏です！
よろしく
お願いします！
やぁ
いらっしゃい
ニコ

第1章 問題解決するための工程……17

第3章

発想をうながすKJ法

登場人物紹介

緑川千夏
（みどりかわ・ちなつ）24歳

家具の製造、販売を行う「ヤチヨ」の店舗スタッフ。大谷にスカウトされ、第2企画室へ異動することに。アイデアを考えることが苦手なため、企画職は向いていないと思っている。

大谷宗一郎
（おおたに・そういちろう）42歳

ヤチヨの経営陣からスカウトされた「発想法」のスペシャリスト。視察で訪れた店舗で千夏に出会う。自分の目標を達成するため、他人を巻き込む破天荒な性格。

紫村小雪
（しむら・こゆき）26歳

千夏の同期で、研修期間中は同じ店舗で働いていた。性格は真面目で論理的だが、世間から少しずれた一面も。入社して1年後には、能力が認められて第1企画室に異動した。

第1章

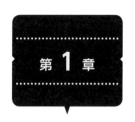

問題解決するための工程

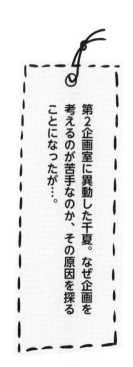

第2企画室に異動した千夏。なぜ企画を考えるのが苦手なのか、その原因を探ることになったが…。

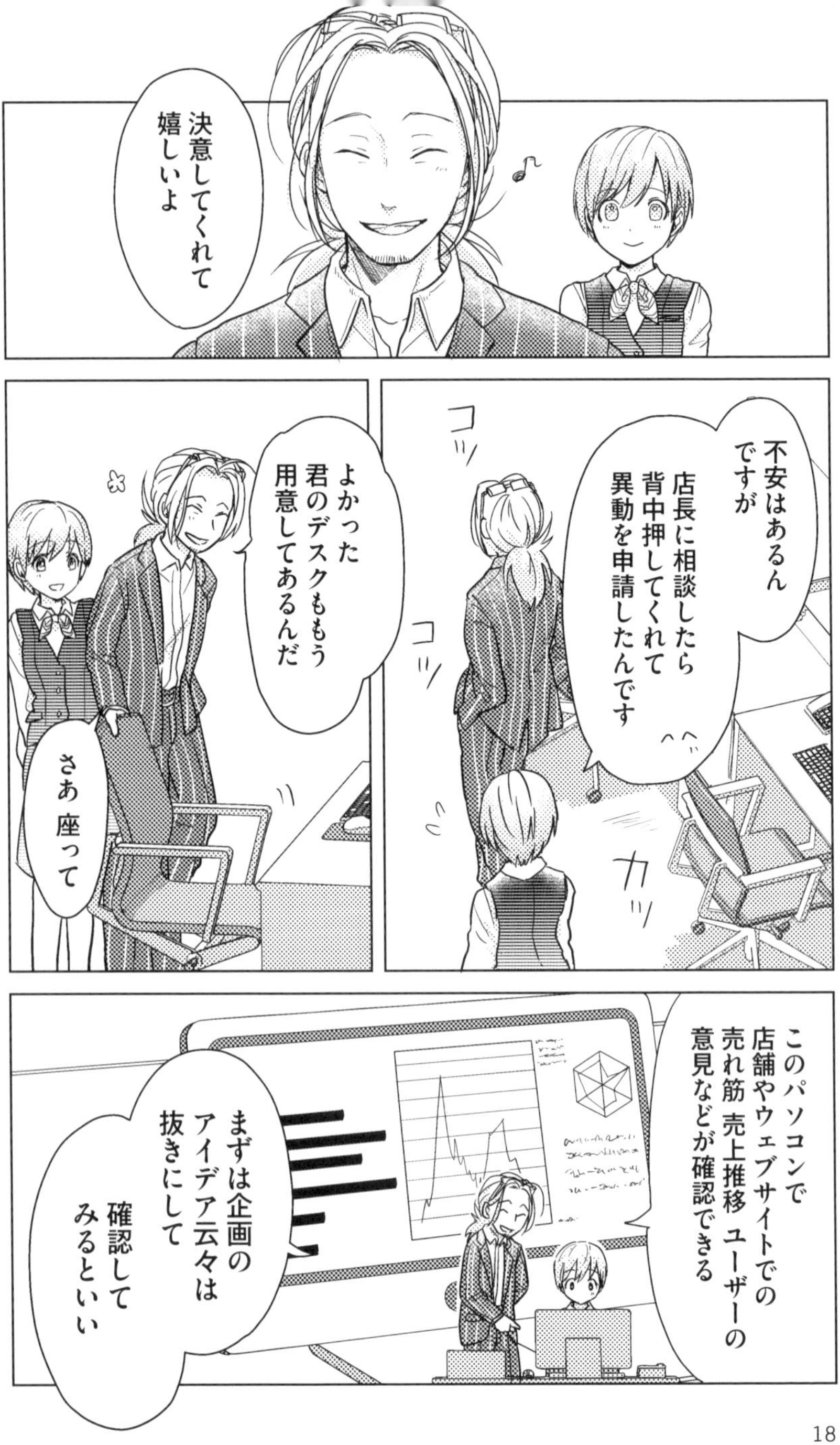
決意してくれて
嬉しいよ
不安はあるんですが
店長に相談したら背中押してくれて異動を申請したんです
コッ
コッ
カッ
よかった 君のデスクももう用意してあるんだ
さあ 座って
このパソコンで店舗やウェブサイトでの売れ筋 売上推移 ユーザーの意見などが確認できる
まずは企画のアイデア云々は抜きにして確認してみるといい

ハイ！
わかりました！
1時間後
ぷす
ぷすぷす…
大丈夫？
うぅ…
これを見てもいいアイデアなんて出そうにありません
私やっぱり向いてないんじゃ…
そうと決めつける前にアイデアを出す際の『考え方』を知っておくべきだろうね
考え方…？

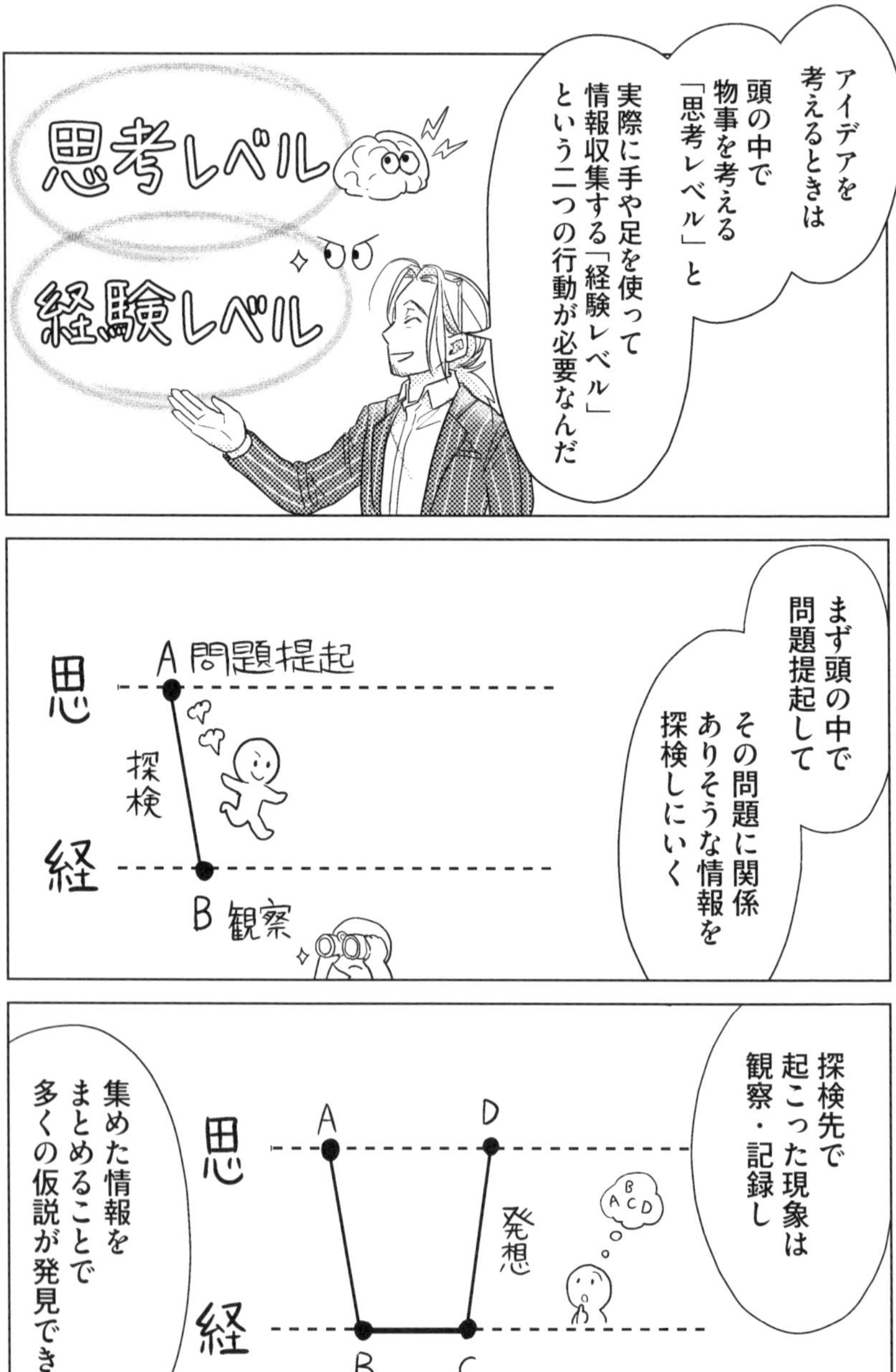
アイデアを考えるときは頭の中で物事を考える「思考レベル」と実際に手や足を使って情報収集する「経験レベル」という二つの行動が必要なんだ
思考レベル
経験レベル
まず頭の中で問題提起して
その問題に関係ありそうな情報を探検しにいく
思
経
A 問題提起
探検
B 観察
探検先で起こった現象は観察・記録し
集めた情報をまとめることで多くの仮説が発見できる
思
経
A
D
発想
B
C
B A C D

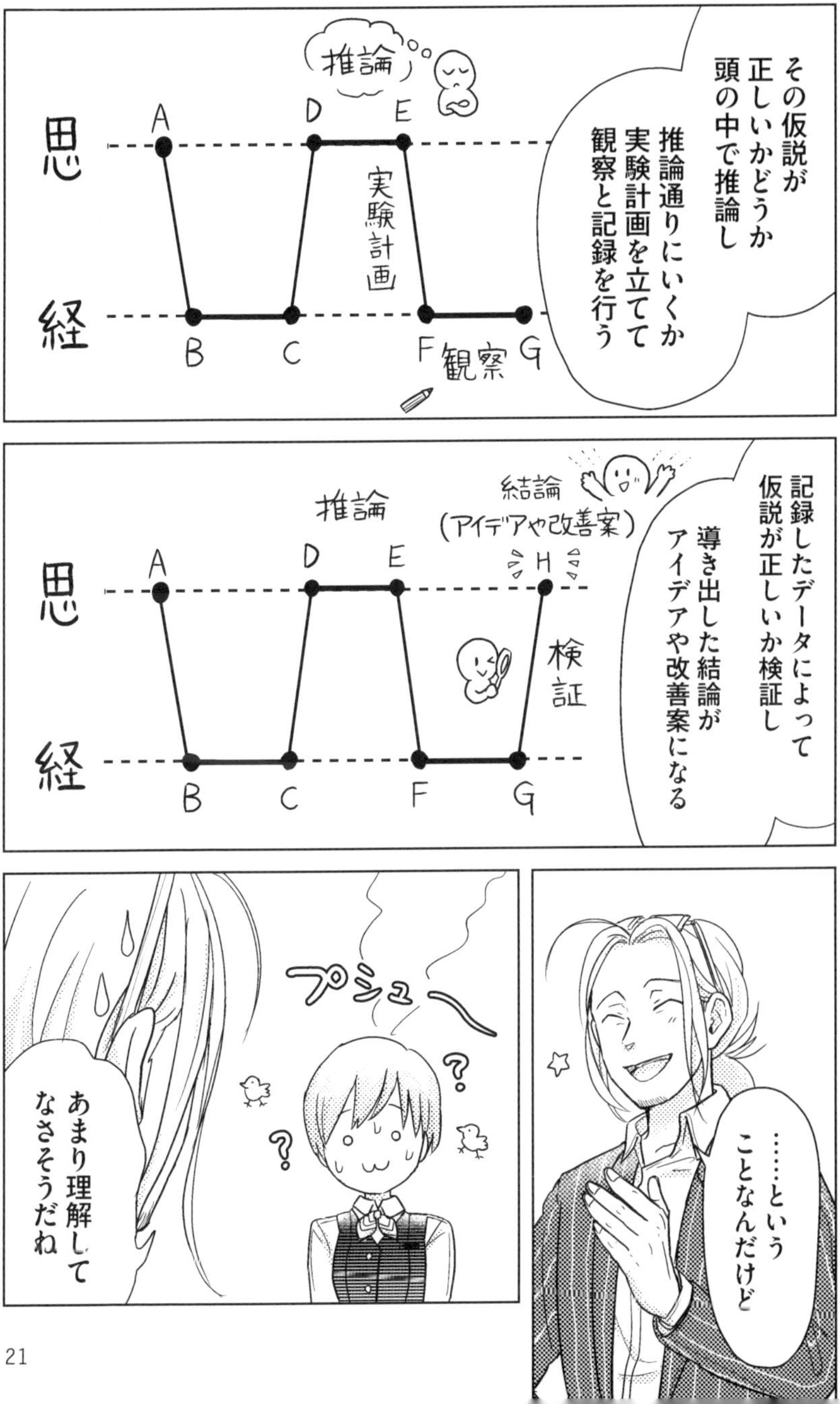

その仮説が正しいかどうか頭の中で推論し推論通りにいくか実験計画を立てて観察と記録を行う
推論
思
経
A
B
C
D
E
F
G
実験計画
観察
記録したデータによって仮説が正しいか検証し導き出した結論がアイデアや改善案になる
推論
結論
（アイデアや改善案）
思
経
A
B
C
D
E
F
G
H
検証
……ということなんだけど
プシュ〜
あまり理解してなさそうだね

だって探検とか観察とか…
アイデアの考え方っていうより科学者の研究方法をまとめたみたいな…
これは川喜田二郎という文化人類学者が
諸外国の民族の調査研究を図式化したものなんだ
お！よく気づいたね
彼は研究のためにフィールドワークを行うことが多かったんだけど
調査するのは民族の文化や風習だから
データは民族ごとにそれぞれ違っていたんだ

そんな調査結果をまとめ
各民族の特徴をいかしつつ
新しい発見や気づきを
見つけるために
KJ法
KJ法という方法を
考え出したのさ
KJ法…？
それって
この間
言ってた…？
その通り
でも…
そのKJ法って
研究のための
ものなんですよね
それがどうして
商品企画の話に
なるんですか？

KJ法によって考えられたアイデアというのは
データをまとめたことで導き出された答えといってもいい
現状のデータをしっかりとった上でインスピレーションを乗せても悪くない
つまり膨大なユーザーの意見の中から企画に必要なアイデアを見つけたり
企画会議のときに出た意見の中からどう改善していけばいいか
ユーザ
企画
改善
企画
議
アイデア
意見
改
おのずと答えが見えてくるわけだ
レビュー
ユーザー
せっかく会議をしても
自分の企画がイキなのか没なのかもわからないような会議は嫌だろ？
確かに

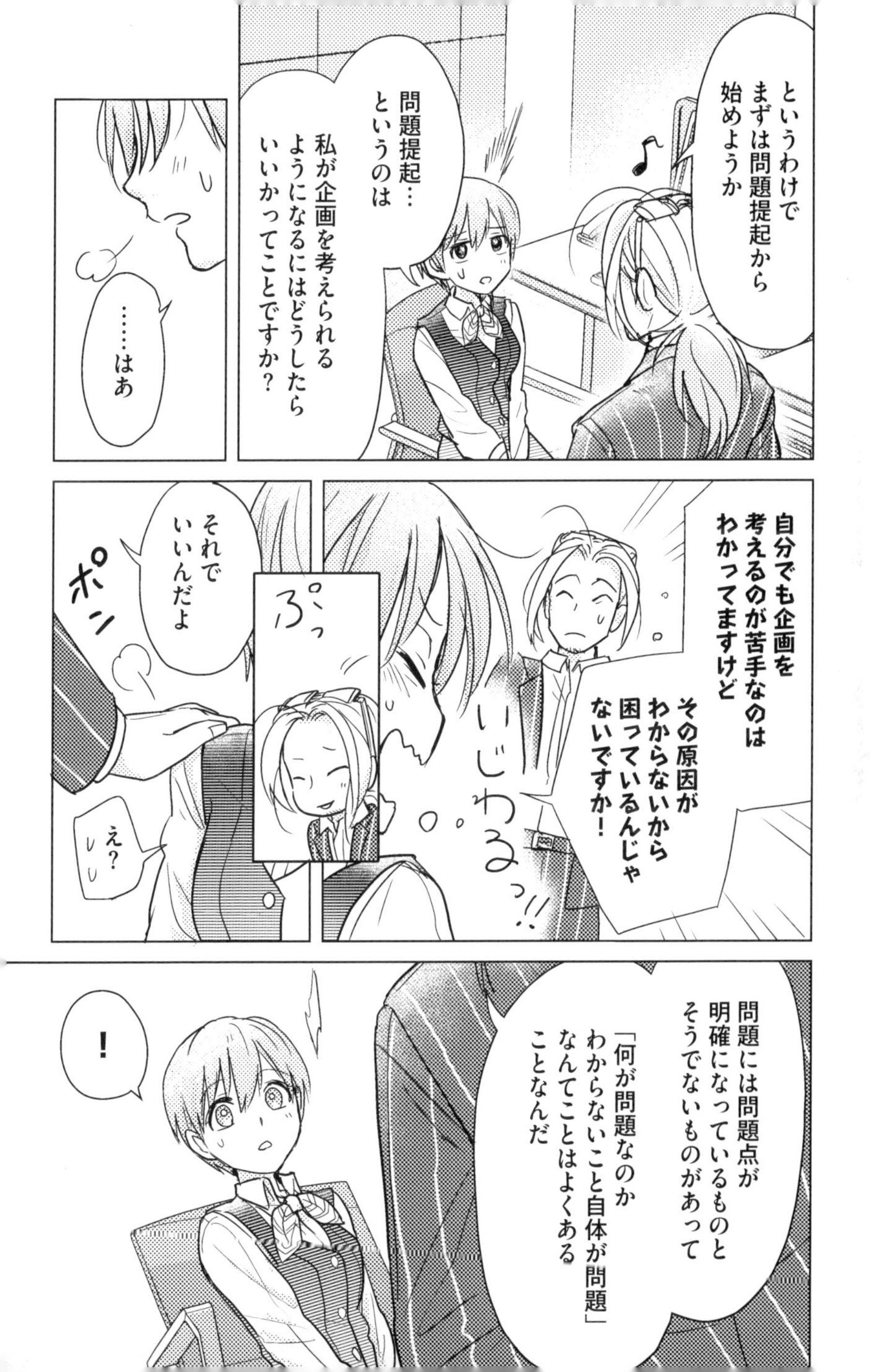

というわけで まずは問題提起から 始めようか
問題提起… というのは
私が企画を考えられるようになるにはどうしたらいいかってことですか？
……はあ
自分でも企画を考えるのが苦手なのはわかってますけど
その原因がわからないから困っているんじゃないですか！
いじわるっ!!
ぷっ
それでいいんだよ
ポン
え？
問題には問題点が明確になっているものとそうでないものがあって
「何が問題なのかわからないこと自体が問題」なんてことはよくあることなんだ
！

そういうときは まず問題を客観的に 見つめ直すんだ
そしてかかわりが ありそうなことを 何でもいいから 挙げていくのさ
ギシッ
例えば企画書の 書き方を知らないとか
考えるよりも 体を動かすほうが 好きとかね
そうすることで ぼんやりとしていた 問題の全体像が 見えてくるんだ
仮にこの工程を 内部探検と呼ぼうか
自分の知識や経験から 情報を整理するから 内部探検
…ってことは 反対の外部探検も あるってことですか?
正解!

外部探検は言葉のとおり頭の中だけでは気づけない情報を実際に外に出て探しに行くこと
ユーザーや専門家の意見を聞いたり
実際に商品が使われている現場を訪れたりするとかね
外部探検
現場
他者の意見
内部探検
なるほど
問題提起するためには自分の頭の中の整理と情報収集が大切なんですね
探検をするときは「こうすれば解決するだろう」みたいな先入観を捨てて
関係する情報から関係しそうな情報まで収集するのが大事だよ
360度
直接から間接まで
その中で気にかかるものを
定性的に捉えてまとめる
最初は問題を中心に情報を集めて
だんだん内容が似ている情報をまとめていくんだ

よーし
まずは内部探検からですね
問題を客観的に見つめ直す…ですか
うん
付箋なんかになるべく一行で収まるように書き出していくといいよ
一人で考え
企画書の書き方を知らない
一人で考えている
物事を客観
が苦手
考えるより体を動かす方が好き
数字が苦手
いい感じに書き出せたみたいだね

外部探検のほうは
同期の人とか
ご家族とかに
自分のことをどう
思っているか
聞いてみたら
いいんじゃないかな
ぴっ
はい!
とりあえず
家族と…
小雪に
聞いてみようっと
小雪
私のいいところとか
直した方がいいところとか
何かある?
よしっ!
ヴ〜
いきなり何!?
悩み事でもあるの?
お母さん
心配されて
しまった…
う〜ん
ちがくて
これは仕事の
いっかんで…

あ 小雪からも来た！
そんなことをしただけで企画職が務まるわけない
グサ
企画ってそんな簡単にできる仕事じゃないんだよ
グサッ
千夏は営業の才能はすごいと思うけど知識は自社商品のものだけだしほかのメーカーとか業界って気にしたことないでしょ？
グササ!!
う…さすが小雪容赦ないなあ
でも私の知識が自社商品だけで完結してるのは確かなんだよね…
これはめっけもん!!
ササーッ
タン！
スポッ
ありがとう！
……？
？
？

パンパカパーン
というわけで ざっとこんな もんです
おお 30枚以上は ありそうだね
じゃあ 内容が 近いと思う付箋を まとめていこうか
ペた
ペた
自社の
一人で考える
ない
大きく三つに 分けることが できそうです
かなり すっきり したね
自分の良いところや 改善点が見えてきた 気がします

企画書の作り方とか基本的な問題は勉強していくしかないと思うんですけど
これをやって私が思ったのは…
企画は一人で考えるものだと思っていたことと
自分の会社の商品以外の知識がないっていうのが大きな問題なんじゃないでしょうか
確かにそうかもしれないいね
こうして問題が目に見えるようになると
千夏ちゃんの人物像や仕事の経験みたいなのも何となく見えてくるよね
はい！

それでこのあとはどうすればいいでしょうか…？
この二つの問題点を解決するためには…
一つはすぐにでも改善できるよ
…どういうことです？
千夏ちゃんと一緒に企画を考えてくれる人がいればいいんだよ
？
だからスカウトしちゃおうか
うちの企画室に！

第1章
解説

01 KJ法とは

天才的な感覚がなくても、新しい発想はできる

新しい商品の開発やサービス展開などを考える際、必要なものはなんでしょうか。天才的な感覚？　それとも長年培ってきた経験？　いずれも間違いではありません。ですが、「普段からアイデアを出すことが苦手」「まだまだ経験が足りないから」と新しい物事を発想することに苦手意識をもっている人も多いと思います。

そんな人であっても、新しい企画やアイデアを生み出すことができる発想手法が、文化人類学者の川喜田二郎氏が考案した**ＫＪ法**です。

それまで文化人類学分野で行われていた研究（フィールドワーク）の手法は、体系化されていませんでした。

そこで川喜田氏は、**問題とすべき事柄を定め、調査を行い、調査によって得た膨大な情報**

を整理し、問題解決へとつなげる、これらの一連の研究手法を発案しました。それがＫＪ法の始まりです。

今から半世紀前に提唱されたＫＪ法は、その後、単に研究に用いるだけでなく、分野の垣根を越え、企業や学校において新たなアイデアの発想や組織の問題解決、マーケティングなどさまざまな場面で活用されています。

ＫＪ法では、難しい理論や方式などは使いません。いかに情報を集め、それを整理し、まとめていくか。これらの過程が大事なポイントとなります。

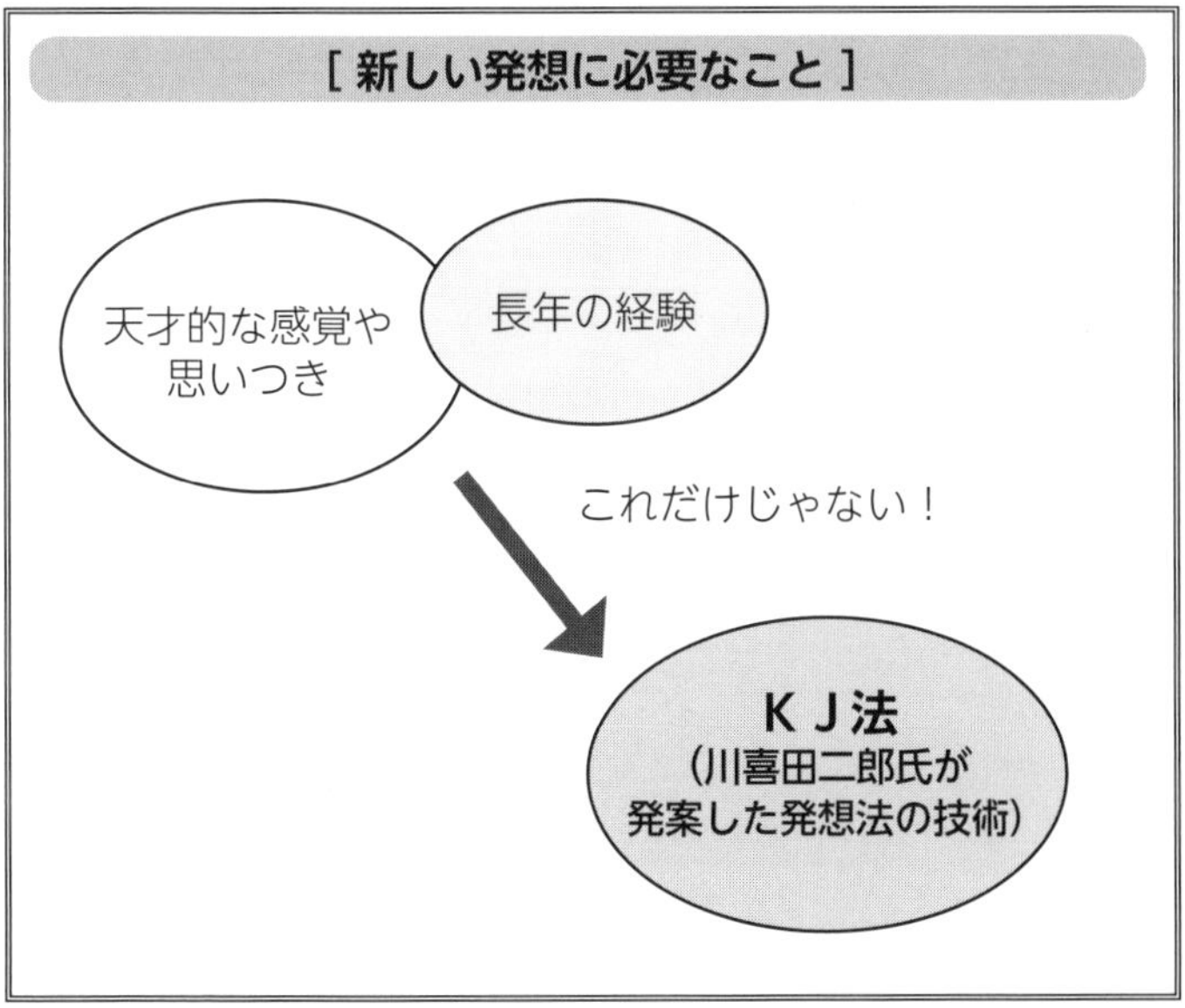
［新しい発想に必要なこと］
天才的な感覚や思いつき
長年の経験
これだけじゃない！
ＫＪ法
(川喜田二郎氏が発案した発想法の技術)

第1章
解説

02 問題解決の過程を表した W型問題解決モデル

「思考」と「経験」を繰り返しながら、結論を導く

KJ法を学ぶ前に、まずW型問題解決モデルについて知っておく必要があります。**W型問題解決モデルとは、問題を解決するための過程を示したもの**で、左のように図式化することができます。

この図は2本の平行線を基本としています。上の水平線は頭の中で考える思考レベルを、下の水平線は実物に触れたり、観察するといった経験レベルを指します。

まず、出発点であるAでは、頭の中で問題を提起します。その後、A→Bの過程で問題に関連する情報を探検（探検方法については、後述）し、B→Cで観察、記録が行われ、C→Dで情報から発想した仮説のDを導きます。ここのDはあくまでも仮説なので、さらにもう一山の過程をたどります。

仮説であるDについて、D→Eで推論し、E→Fで推論を確認するための実験計画を立てます。

そして、F→Gで計画に基づき観察と記録を行い、G→Hで観察と記録から得たデータを基に仮説を検証し、Hという結論を出します。

このW型問題解決モデルは、科学分野はもちろんのこと、ビジネスをはじめ、私生活などで発生するさまざまな問題にも応用できるものです。ぜひ覚えておきましょう。

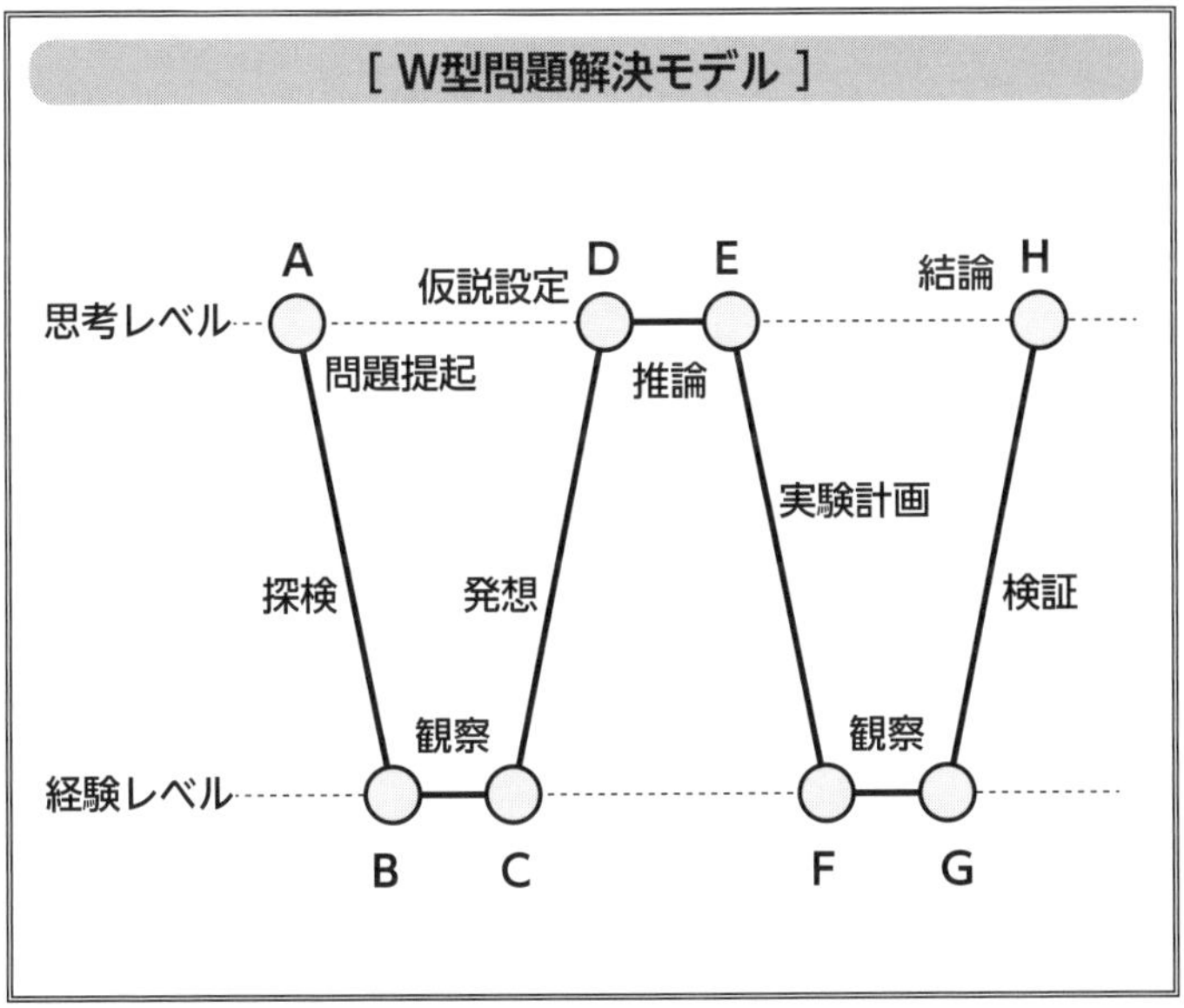

第1章
解説

03 すぐできる問題提起の方法

自分の頭の中の考えをアウトプットする

ＫＪ法を使って新しい発想を生み出すには、**「何が問題であるか」を明らかにする**ことが必要です。これを問題提起の段階と呼びます。前出のＷ型問題解決モデルにおける、Ａの部分にあたるものです。

例えば、新しい商品を開発するためには、まず既存の商品の問題点、具体的には、商品の性能、価格、売り方、ユーザーのニーズ、他社商品との違いといった具体的な内容を割り出していき、一つ一つの問題点とその改善策を考える必要があります。

しかし、このように明確に問題点がわかる場合もありますが、現実には、「売れる商品をつくる」「ユーザーが満足できるサービスとは」といったように、ぼんやりとした形で問題が浮かんでくるものです。また、千夏のように、具体的に何が問題なのかが自分でもわから

ない——それ自体が問題、といったケースも多々あるものです。

だからといって、「わからないから問題を考えない」では、何も生み出すことはできません。ぼんやりとした内容からでもいいので、まずは**自分が問題だと「感じていること」に「関係のありそうな事柄」を考えてみることが大切**なのです。

つまり、頭の中にある色々な考えを、一度、外に取り出してみることから始めるのです。これがKJ法のスタート地点となります。

[問題提起の基本]

友人と
ケンカした
1か月前に仕事
でミスをした
旅行の予定が
まだ決まらない
最近
落ちつかない

自分の頭の中の考えをアウトプットすることが大切

第1章
解説

04 なぜ問題を提起するのか

明確化が苦手な日本人

問題提起の作業に関して、日本人は怠りがちといわれています。問題を明らかにすることは、解決への第一歩です。日頃から問題を自覚していれば、その問題を解決するための情報への注意力が高まります。これは一人の問題だけでなく、チームとして仕事に取り組む際には、さらに重要になります。よく見られるのは、形だけの課題やテーマを準備して会議やミーティングなどを行っても、意見がまとまらず何の解決策も生まれないというケースです。往々にしてそれは参加者の問題意識にズレがあるためです。

例えば、ある会議にAさん～Dさんの4人が参加するとして、会議のテーマに対する各自の問題意識を図式化してみます。

Aさん、Bさん、Cさんの問題意識の一部は重複しています。しかし、それぞれ異なって

捉えている部分も多く、Dさんはわずかに C さんと重なっている部分があるだけです。これでは、Aさん、Bさんと、Dさんの間に共通理解などありえず、ましてやCさんは板挟み状態に。このままではテーマの方向性すら定まらないでしょう。

これは問題意識のズレ以外に早々に解決したいという「せっかち心理」と、課題の核心に触れることを遠慮する「まあまあ主義」という日本人特有の気質が作用することもあります。問題提起への意識を明日からでも変えてみましょう。

[参加者の問題意識に見られるズレ]

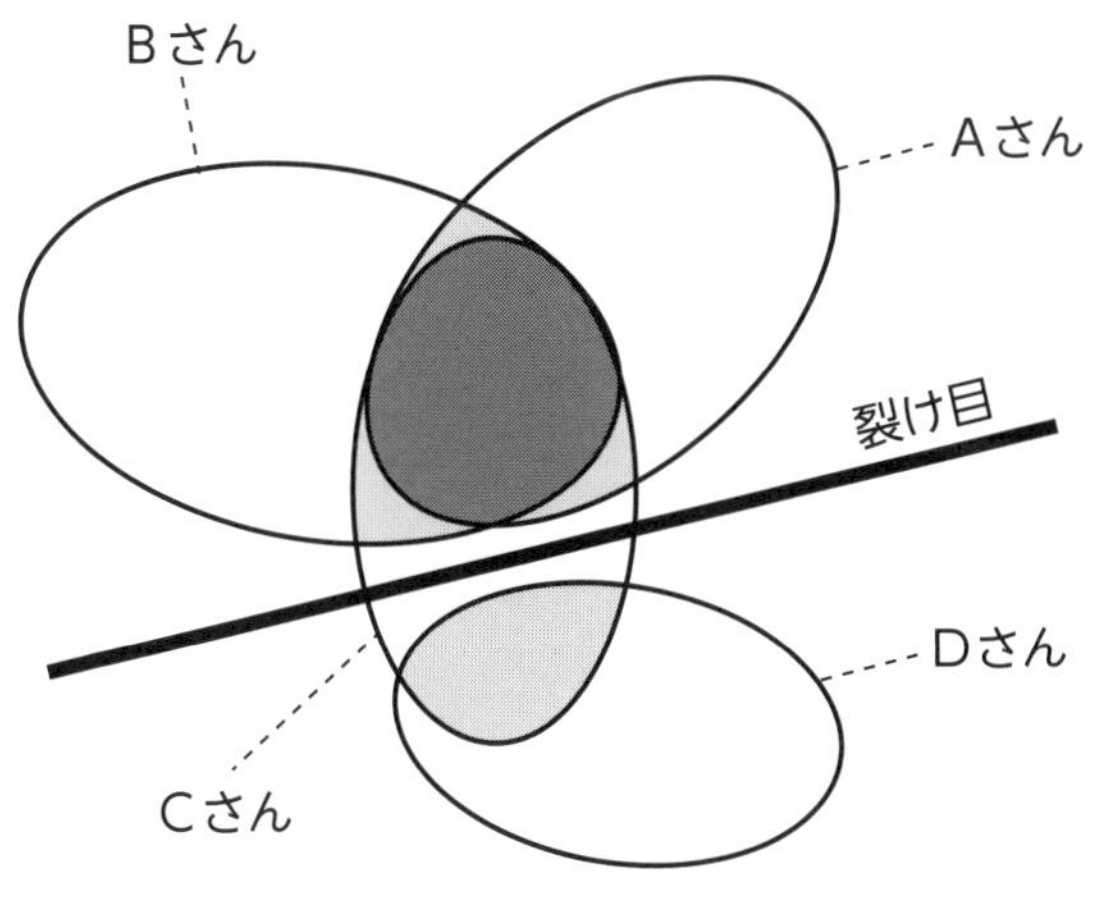

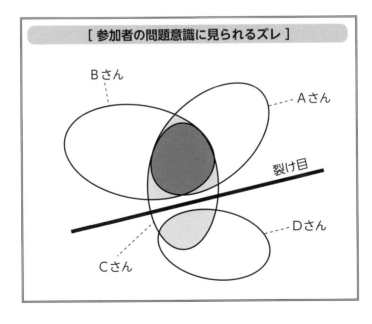

第1章 解説

05 頭の中にある情報を探す「内部探検」

内部探検によって出た考えを、付箋に書き込む

頭の中からアウトプットした考えを、そのままにしていてはいけません。それらの考えにお互いどのような関係があるかを探ることが大切です。

これを内部探検といいます。問題に関係がありそうな事柄を紙に書きとめ、それを組み立てたときにはじめて、問題の構造や全体像が見えてきます。この内部探検によって、どんな問題を追求すべきかがイメージしやすくなっていきます。

こうした工程をおろそかにせず、丁寧に行うことで、その後の目標（新しい企画やサービス展開の方向性など）がはっきりとします。また、一つだけだと思っていた問題点が、実はまったく違う問題点がいくつも重複していた、と判明することもあります。

この内部探検は、個人だけでなく、チームにおいても効果があります。前述したように問

題意識のズレはよい結果を生みません。ですからチームメンバーを集めて、**「問題に関係がありそうな事柄」を何でもいいので、吐き出してみましょう**。そうすることによって、**問題とすべきことについて共通認識をもつ**ことができます。共通した問題を基に話し合いができれば、その話し合いの結果は、よりよいものとなるでしょう。

なお、個人であっても、チームであっても、内部探検によって出た考えは、**短い一行程度の簡潔な文言で付箋などに書き込む**ようにします。

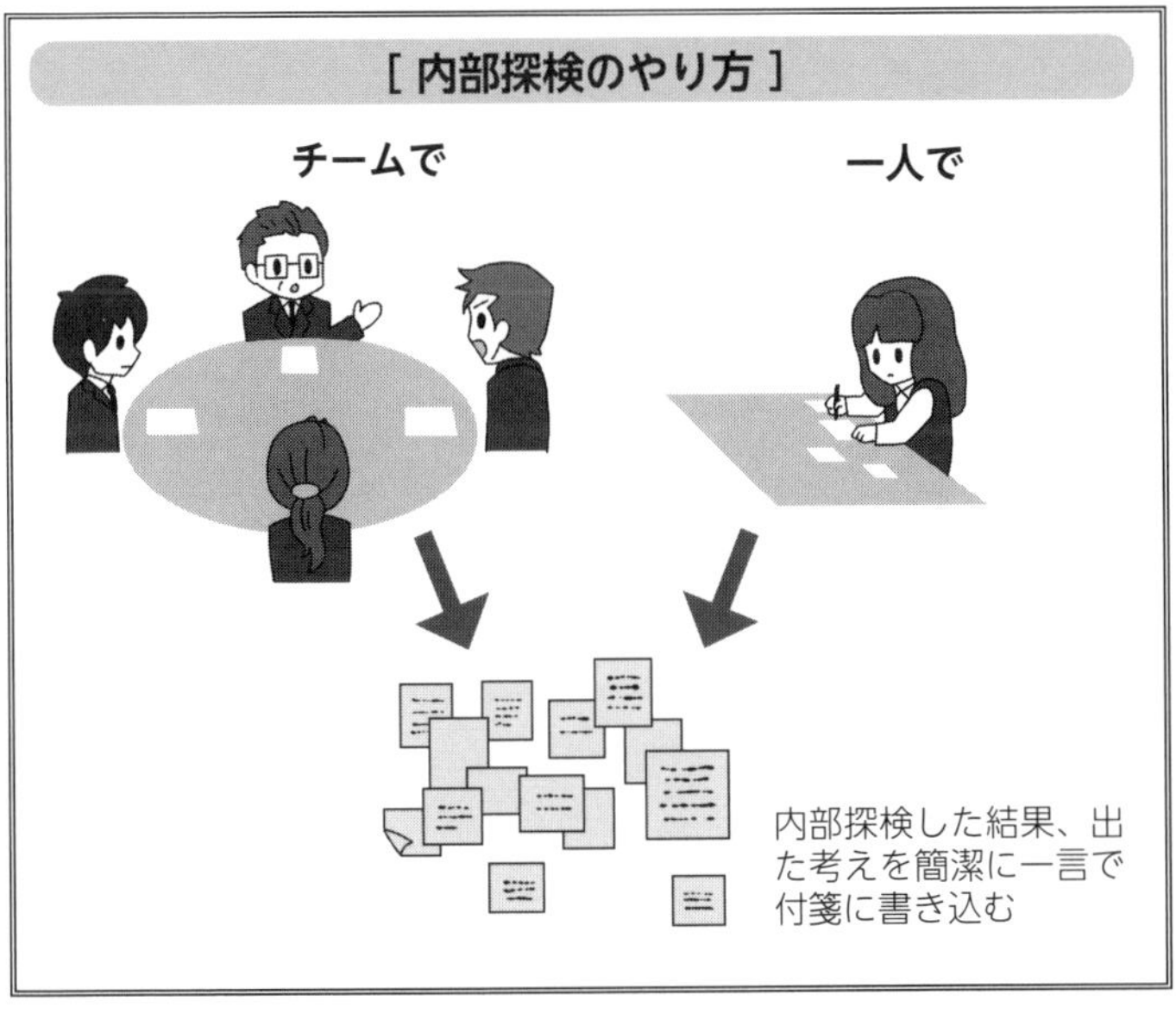
[内部探検のやり方]
チームで
一人で
内部探検した結果、出た考えを簡潔に一言で付箋に書き込む

第1章
解説

06 身の回りにある情報を集める「外部探検」

多角的な視点で情報を集め、記録する

内部探検が終わったら、次は自分の頭の中を飛び出して、外の世界に探検に行きます。これが外部探検です。提起した問題に関係のある、または関係がありそうな新しい情報を集めにいくのです。

このときの注意点は、問題に「関係のある」情報だけを狙って集めるのではなく、もっと**範囲を広げて、「関係のありそうな」情報も集める対象に入れる**ということです。

最初から「関係のある」情報だけを探すのではなく、関係のあるなしを限定せずに情報を探し求めることが「探検」と呼ばれる理由でもあります。またその探し方も、**なるべく360度の角度から、さまざまな情報を集める**ことが重要です。

例えば、友人に話を聞いてみるときに、業種がまったく違っていたり、商品イメージとは異なる趣味を持っていたりする友人にも聞いてみるといいでしょう。直接、人に聞く以外でも、「なんだか気になる」というレベルの情報で構いませんので、街中で探してみることも大切です。

また、いつ情報が目の前に現れるかはわかりません。そんなときでもすぐ記録できるように心がけましょう。メモとペンでなくとも、スマートフォンのメモ機能などを使ってもよいです。

探検を楽しむ気分で、情報収集をしてみましょう。思わぬ情報を得られるかもしれません。

そんなことをしただけで
企画職が務まるわけない
グサ
企画ってそんな簡単にできる
仕事じゃないんだよ
グサッ
千夏は営業の才能はすごいと思うけど
知識は自社商品のものだけだし
ほかのメーカーとか業界って
気にしたことないでしょ？
グササ!!
う…
さすが小雪
容赦ないなあ

せっかく会議をしても
自分の企画がイキなのか没なのかもわからないような会議は嫌だろ？
確かに

第2章

データを記録して分類する

小雪を第2企画室にスカウトする大谷室長。店舗にいたときは成績優秀だったが、小雪にはある悩みがあった。

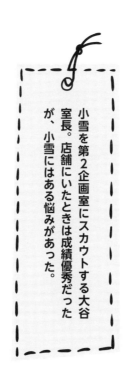

第1企画室
本当に小雪をスカウトするんですか？
もちろん本気さ
その紫村さんって子は優秀だったんだろ？
ええ
小雪は同期の中でも一番早く希望してた企画職に異動しました
さてさてどこにいるのかな

あ！
いました
あの眼鏡をかけた
黒髪の子です
カタ
カタ
カタ
ゴロン
千夏！
……と
あなたは？
第2企画室室長の
大谷宗一郎だ
店舗にいたころ
君は優秀だったと
千夏ちゃんから
聞いてね
スカウト
しに来た
そんな…
スカウトなんて
急に言われても
ヒソ
ヒソ

第2企画室って最近できた…
ひそ…
室長が変わった人らしいよ…
ひそ…
紫村さんが優秀？
何で私に声をかけてきたかはわかりませんが
これ以上 私にかかわらないでください
千夏も急に変な連絡してきたかと思ったら企画職に異動したって…
第1企画室
ドン
企画ってそんな簡単な仕事じゃないんだからね！

スカウトどころじゃなくなっちゃいましたね…
ハァ…
なんだかすごくぴりぴりしてたし
カッ
コッ
異動してから何かあったのかな…？
そのあたりのことは私が調べておこう
今日は通常業務をこなしていこう
はい

ずいぶん遅くまで仕事しているんだね
紫村さん以外誰もいないみたいだけど
大谷さん…こんな時間に何してるんですか?
コンバンハ☆
うちってまだできたばかりの部署だからやらなきゃいけないことも多くてね
それよりこれ…すごいね
もしかして全部企画書?
…確かに企画書ですけどそれは没になったやつです
明日には全部シュレッダー行きです…

今作ってるのは新しい企画書か
頑張るね
ぎゅ…
…今朝はスカウトしに来たなんて言ってましたけど気づいてるんじゃないですか
ガ
私には企画を作る力が…
通す力がないことを！
タッ
確かに同期の人たちより仕事の覚えも早かったし
企画室でやっていく自信もありました
でも異動してこの2年間一度も自分の力だけで企画を通せていません

最近の会議では
皆私の企画に期待していないのが目を見ただけでわかりますよ…
ご期待に沿えずすみませんが
スカウトするなら別の人をお薦めします
企画職は向いてないかもしれませんが……
でも私は少しでもお客さんの生活が楽しくなるようなお手伝いがしたくてこの会社を選んだんです
紫村さんはこの仕事好きかい？
当たり前です！
その気持ちがあれば大丈夫！

明日からはうちの部屋に来なよ
そっちの室長さんには私から説明しておくから
えいやでも…
おっともうこんな時間だ
えっちょっ…
それじゃ帰るね明日からよろしく!
え〜…
…というわけで
今日からお世話になります紫村小雪です
よろしくお願いします
フフン♪
アハハ…

パ
さて！
めでたくメンバーも増えたことだしこの間の続きをしようか
…この間の続き？
KJ法っていうのを教わったんだ
感覚や思いつきに頼らないでアイデアを出したりまとめたりするの
こんなものを持ってきた
企画書
あ！それ没になった私の企画書！
いつの間に!?
怒らないで面白い企画だと思うよ

ただ 今のままだと企画を通すことはできないから
この企画をよくするにはどうすればいいかを二人には考えてほしい
まずはブレストをやってみようか
ぶれすと？
ハァ
そんなことも知らないの？
ブレーンストーミング
brainstorming
ブレストっていうのはブレーンストーミングの略
一人ではなく集団でアイデアを出し合うことで
斬新なアイデアが生まれることを期待した発想法よ

KJ法でのブレストには大きく三つのルールがあるんだ
1
まず一番大事なのはテーマを決めること
テーマ
2
他人のアイデアを批判しない
3
自由に発言する
制限時間を設けることも大事なんだ
本当は年齢とか職種が違うメンバーが五～六人いるといいんだけど
今日は二人だけでやってみようか
わかりました!

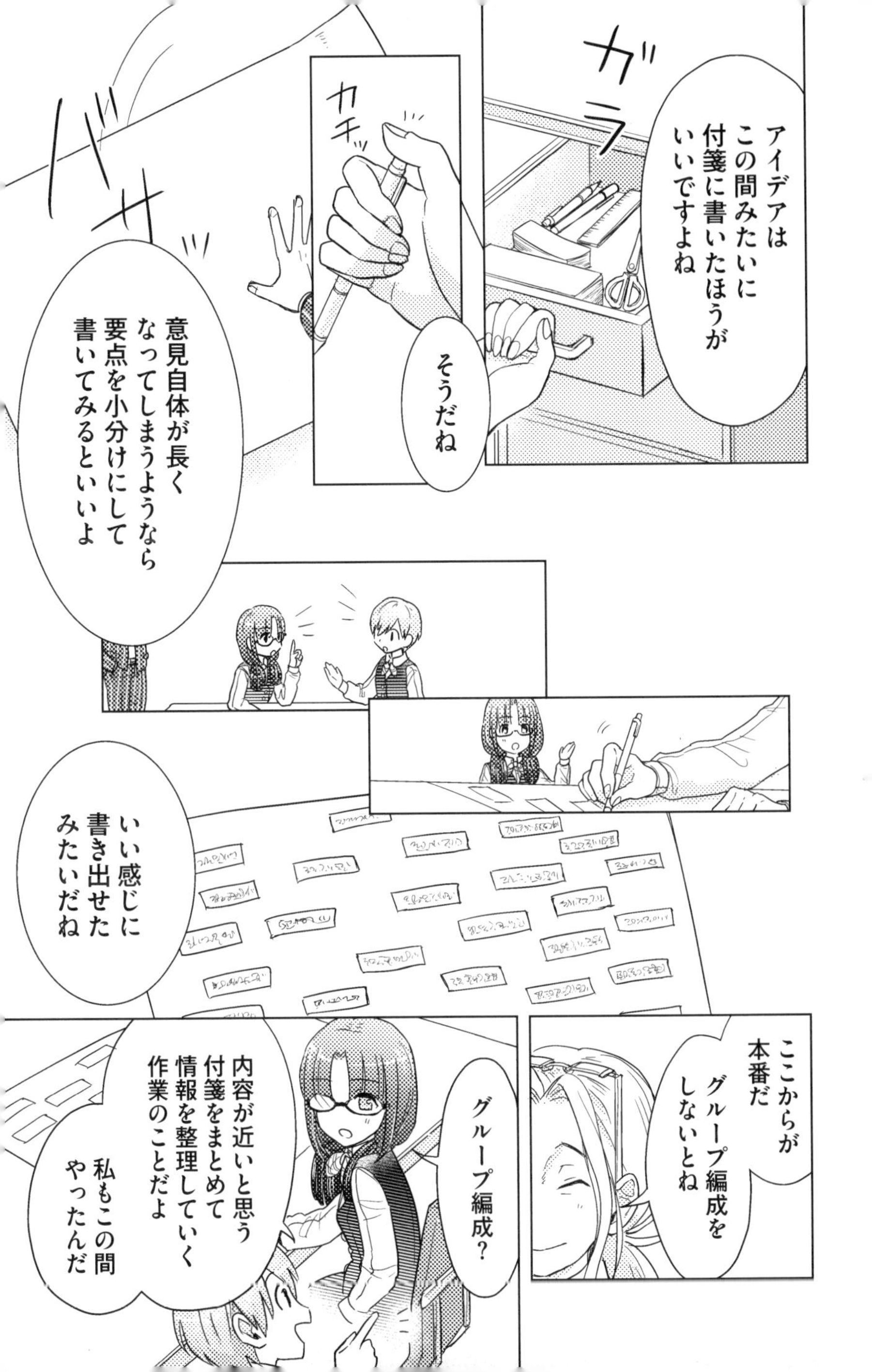
ガラ
アイデアはこの間みたいに付箋に書いたほうがいいですよね
カチッ
そうだね
バサ
意見自体が長くなってしまうようなら要点を小分けにして書いてみるといいよ
いい感じに書き出せたみたいだね
ここからが本番だ グループ編成をしないとね
グループ編成?
内容が近いと思う付箋をまとめて情報を整理していく作業のことだよ
私もこの間やったんだ

グループ編成をするときは
まず小さいグループを作ってからだんだんグループを大きくしていく
その逆はダメだ
主題
自然に入る
どのグループにも入れづらいアイデアは無理にグループの中に入れない
中グループや大グループを作るときに自然に入ることもあるからね
これとこれは一緒
これどこにも入らない…
ポイッ
ぺたぺた
ちょっと待って
いま紫村さんは「長く座っていられる」と「壊れない」の付箋をつなげたね？
だってどちらも品質を高めれば解決するものですよね…？

「己をむなしくしてデータをして語らしめる」だよ
要素が同じというだけで分類するのは実は間違いなんだ
知識がある人ほど自分の知っている枠でグループを作りがちだけど
それじゃあ新しい発想にはつながらない
自分の考えで決めつけてしまわないように注意しよう
それに…
ピッ
貴重なデータを捨てちゃだめだよ
ぺた
グループに属さないってことは皆が気づいていないってことだ
そんな意見から新商品が生まれることもあるんだよ？
無駄なデータなんて一枚もないんだ

ふう
お客様の要望
機能
素材
ザイン
五つに分けられたね
うん 上出来だ
やった!!
もう就業時間をとっくに過ぎているね
続きは明日にして今日は帰るとしよう
お疲れ様でした
私も帰ろうかな
ガタ
あれ? 帰らないの?
なんか私
企画書の改善箇所がわかったかも

カチ
今日中に修正してから帰るよ
カタ
カタ
カタ
新しい企画書も作れそうだし…
小雪はすごいなあ
私は今日は疲れちゃったし帰るよ
イテテ…
よーし!
明日は私も企画書を書いてみるぞ!
カタ
カタ
カタ
カタ
カタ

第2章
解説

01 ＫＪ法におけるブレーンストーミング

ブレーンストーミングで自由な意見をアウトプット

前章では、ＫＪ法の基礎となる問題提起、内部探検、外部探検について説明してきました。これらの考え方をベースとして、ＫＪ法の実践方法を説明します。

まず会議など複数人で話し合う場合、何を主題（問題）にするのかを明確にする必要があります。ですが、前述したように必ずしも参加者全員が共通認識をもって会議に臨んでいるケースは多くありません。

そこで、まず参加者の思いや考えを外に出すために、**ブレーンストーミング**の手法を活用してみましょう。

ＫＪ法におけるブレーンストーミングには、①テーマを決める、②批判をしない、③自由に発言する、の三つの原則があります。これらの原則を踏まえて、自由に意見を出し合います。

ここで注意するのは、一般的なブレーンストーミングでは新しいアイデアを出すことに主眼がおかれていますが、ＫＪ法におけるブレーンストーミングは内部探検の実践と捉え、**意見はアイデアだけに限定する必要はありません。**

この会議の目的、例えば「新商品の企画について」など、その主題にしたがって問題解決をするために「必要と思われる」事実報告や見解などを、参加者の中からできるだけアウトプットさせて情報を集めていくことが大切です。

［ KJ法におけるブレーンストーミングの3原則 ］

①テーマを決める	何について話し合うのかを会議に参加する全員が共有してから始める
②批判をしない	会議に同席している他人の発言を決して批判してはいけない
③自由に発言する	「こんなことを発言したら、怒られたり笑われたりするのではないか？」などという気持ちは捨てて、自由に思いついたことを発言する

第２章　解説

02 意見を見やすくまとめる記録方法

やわらかい言葉で、簡潔に一言にまとめる

次に、ブレーンストーミングによって発言された多くの情報をどのように記録していくのかについて紹介します。

まずＫＪ法を用いた話し合いのときに必要な物は、①黒鉛筆または黒ペン、②赤や青などの色鉛筆または色ペン、③名刺大の紙（大きめの付箋など）、④図解用の半紙大の白紙、⑤文書を書くための原稿用紙、⑥紙切れを広げるためのスペースになります。

会議では、一人の記録係を設けます。記録係はブレーンストーミングでの各発言を一区切りの内容にして、黒鉛筆や黒ペンで一行見出しを書いていきます。

一見、簡単に思えますが、発言内容を要約し、一言にまとめる作業は、最初は難しいものです。

例えば、発言者が何分も使って話したことであっても、一言にまとめなければいけません。またまとめるときには、**誰でもわかるようなやわらかい言葉を使うことが大切**です。記録するときの注意点は、下記のとおりです。

とはいえ、誰でも最初はうまくできないものですから、記録係になった人は恐れることなく、**発言の意味を理解し、かつ抽象化しすぎないよう書きとめることを意識**しながら少しずつ慣れていくようにしましょう。

このように他者の発言から大事なエッセンスを抽出する技術は、ＫＪ法以外の場面でも役立つはずです。

[記録するときの注意点]

① 抽象的、観念的な表現にしない

② 勝手に話を広げ、内容を歪曲化しない

③ 主語が誰かわからないなど、誤解を生んでしまう内容にしない

④ どうとでも解釈できるような内容にしない

⑤ 長くしすぎない

第2章

解説

03 関連したデータをまとめる「グループ編成」

「なんとなく」から小さなグループを作る

記録された紙や付箋の数は、会議時間にもよりますがかなりの数になるはずです。次にそれらの付箋、つまりデータをまとめる作業であるグループ編成に入ります。

まずは内容に関係なく、付箋をお正月のカルタ取りのように見やすい形に重ならないように並べていきます。そして、並べた付箋を端からでも真ん中からでもよいので眺めていきます。**このときには一つ一つを読み込むのではなく、眺めながら流し読む**程度で大丈夫です。すると、眺めていくうちに、お互いに親近感を覚える付箋同士が目についてくるはずです。仮にまったく内容が違うものでも、**「なんとなく近いな」「関連するかも?」と自分が思うレベルでよい**ので、それらの付箋をまとめていきます。注意すべきは、小雪のように、**自分が知っている枠でグループを作らないこと**。この作業を進めていくことで、だんだん

と付箋の小さなグループができあがっていくはずです。

小さなグループがいくつもできたら、次はまったく同じ手順で、小グループをまとめて中グループを、中グループを集め、さらに大きなグループを作ります。これでグループ編成は終了です。最初の小さなグループ分けの際に、どうしてもグループに入らない付箋ができるときがあります。ですが、無理やりグループに入れなくても大丈夫。離れ小島になった付箋も、中、大へとまとめていくなかでいずれグループに入るようになるので、安心してください。

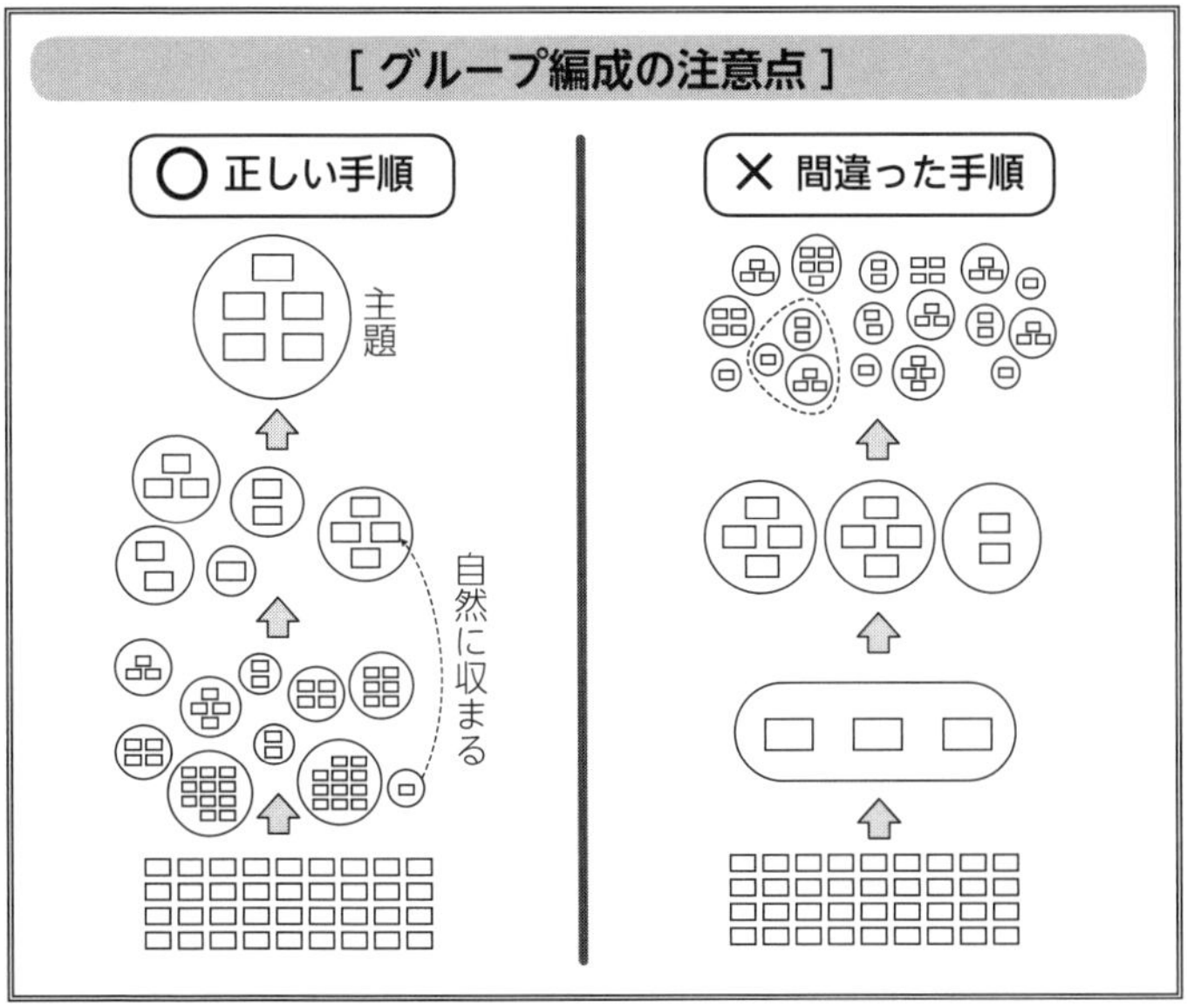

グループに属さないってことは皆が気づいていないってことだ
そんな意見から新商品が生まれることもあるんだよ?
無駄なデータなんて一枚もないんだ

第3章

発想をうながすKJ法

新しい企画を考えるため、情報を収集する千夏と小雪。そして千夏は、あるアイデアを思いつく。

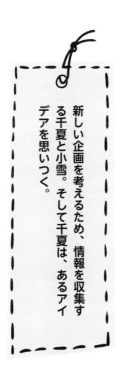

2日後
ギィッ
小雪ちゃん
大丈夫ですかね？
一昨日 早退したと
思ったら 2日連続で
お休みなんて…
この間 結構遅くまで
会社に残ってましたし
疲れが一気にきたん
でしょうか
いきなりの異動で
体調を崩したのかも
しれないね
昨日も今日も
連絡はあったし
休めばよくなるよ
コ
ツ

これはどうも
第1企画室の
室長さん…
どうも
カツ
何か御用で？
コツ
実は一昨日 紫村君が
企画書を見てほしいと
言ってきてね
しぶしぶ目を
通したが
会議を通過できるとは
思えなかったから
追い返したんだ
彼女はもう
第2企画室の
人間であなたの
部下だ
使える企画書を
持ってくるなら
まだしも…
今後このような
ことがないように
しっかり監督して
もらわなければ困る

これがその企画書だ
パサッ
では失礼するよ
カッ
コツ
これブレストしたときの企画書だ
完成してたんだすごーい！
どれどれ
ふむ
確かにグループ編成のおかげで伝えたいことは明確になっているけど
項目ごとの関連性や説明の順序に問題がありそうだね
すごいと思ったのに…
そうなんですか？

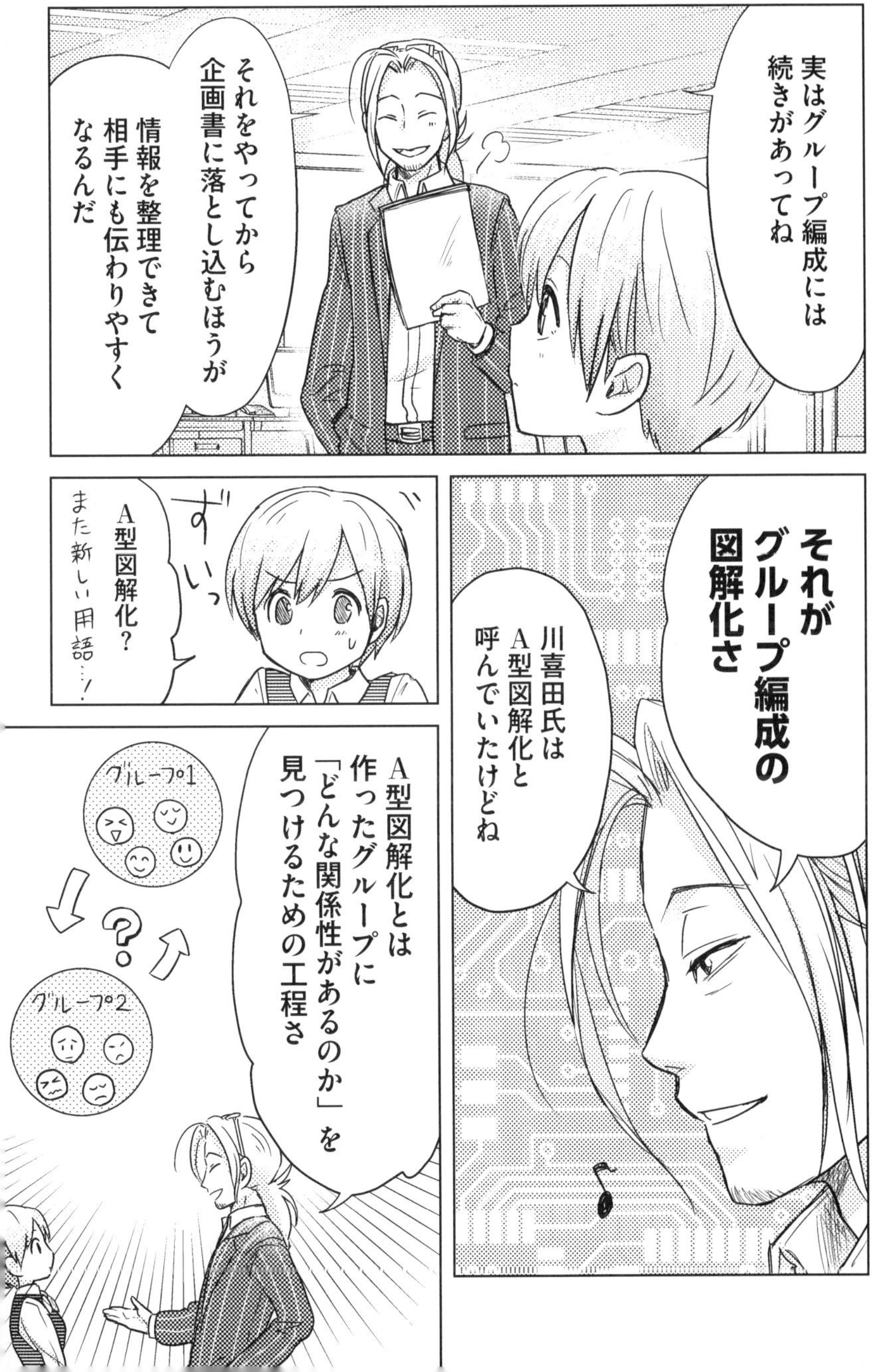
実はグループ編成には続きがあってね
それをやってから企画書に落とし込むほうが情報を整理できて相手にも伝わりやすくなるんだ
それがグループ編成の図解化さ
川喜田氏はA型図解化と呼んでいたけどね
ずいっ
A型図解化？
また新しい用語…！
A型図解化とは作ったグループに「どんな関係性があるのか」を見つけるための工程さ
グループ1
グループ2

例として

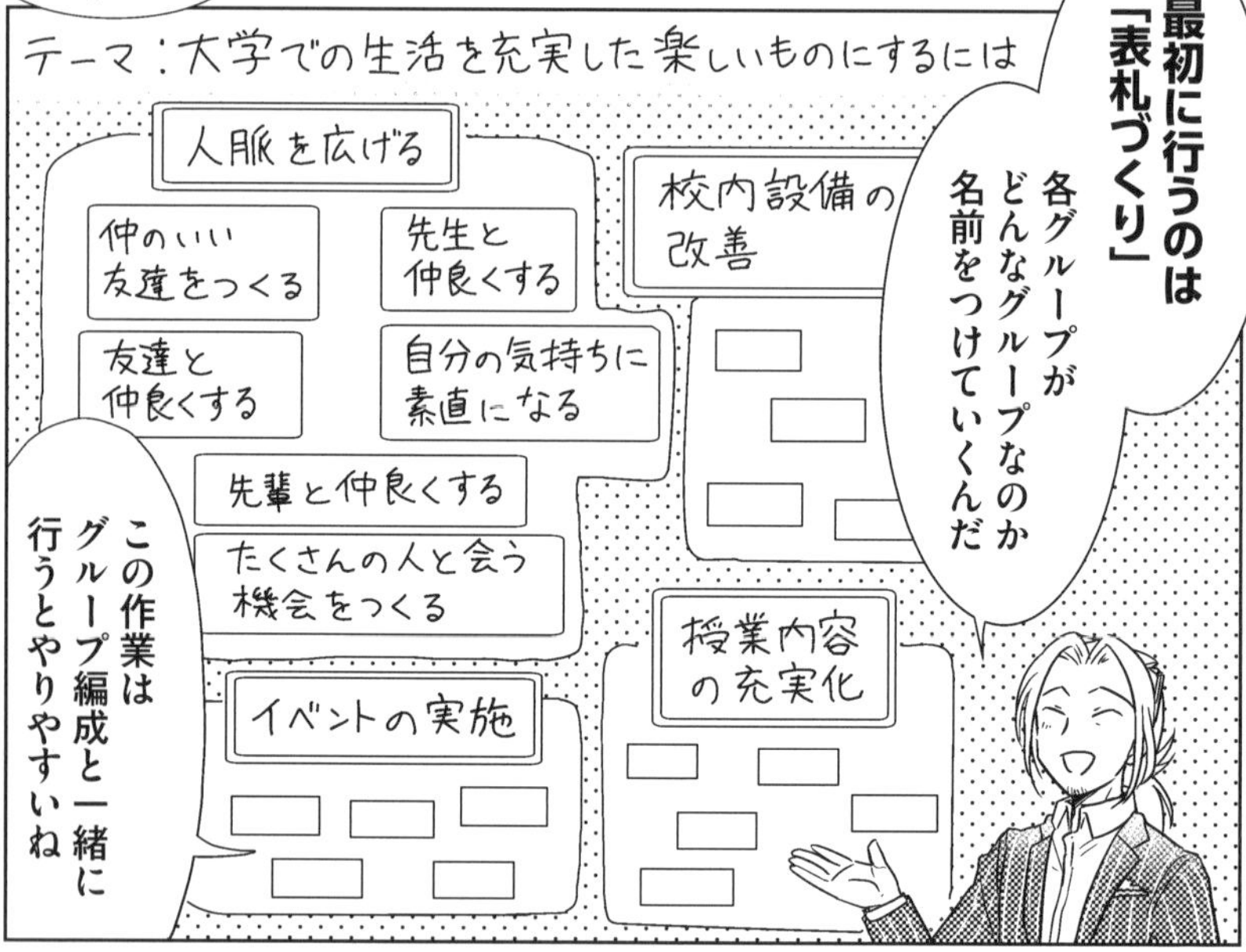
最初に行うのは「表札づくり」
各グループがどんなグループなのか名前をつけていくんだ
テーマ：大学での生活を充実した楽しいものにするには
人脈を広げる
仲のいい友達をつくる
先生と仲良くする
友達と仲良くする
自分の気持ちに素直になる
先輩と仲良くする
たくさんの人と会う機会をつくる
校内設備の改善
授業内容の充実化
イベントの実施
この作業はグループ編成と一緒に行うとやりやすいね

次に「空間配置」
関係性がありそうなグループを近づけるとかグループ同士の配置を調整する

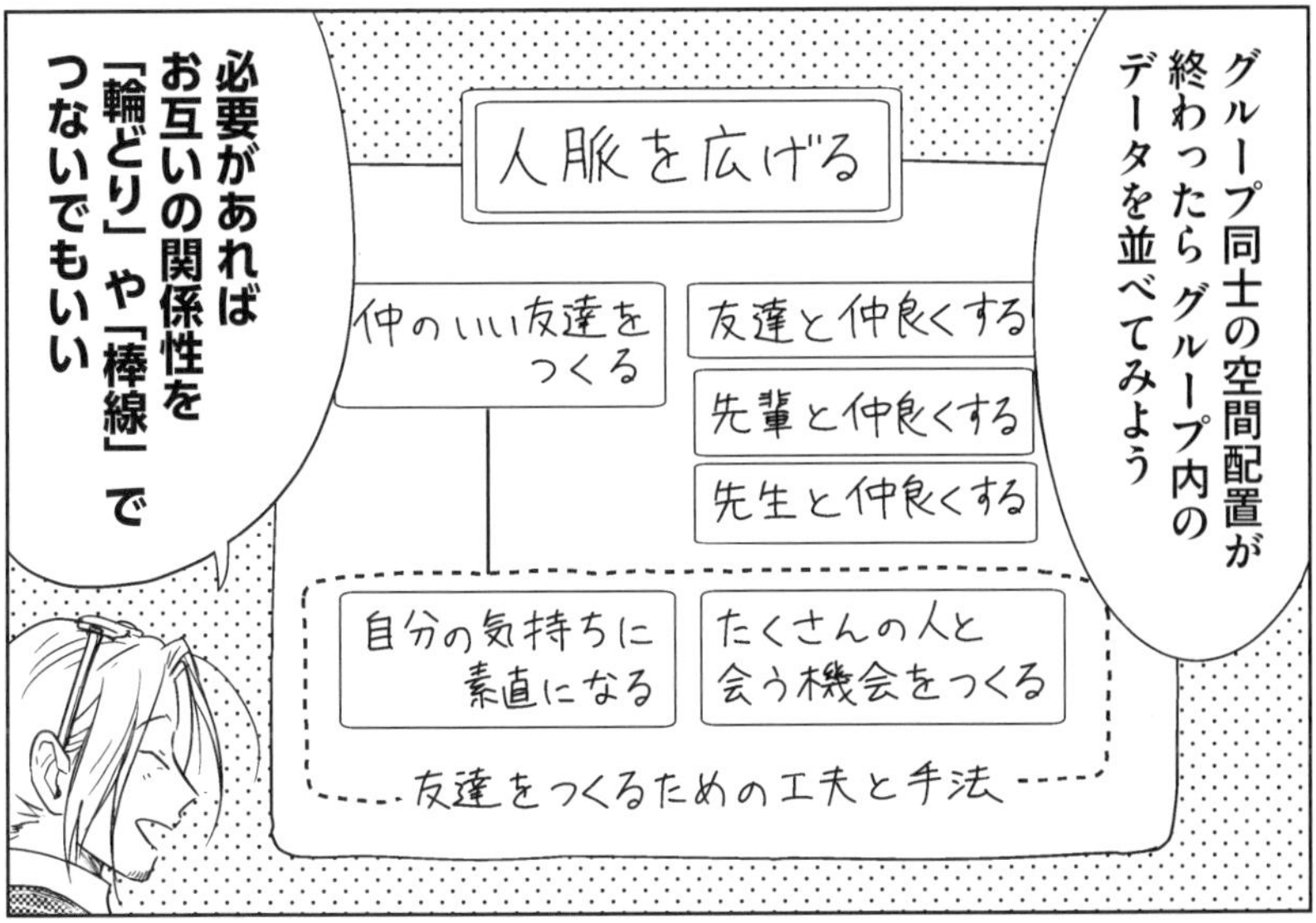
グループ同士の空間配置が終わったらグループ内のデータを並べてみよう
人脈を広げる
友達と仲良くする
先輩と仲良くする
先生と仲良くする
仲のいい友達をつくる
たくさんの人と会う機会をつくる
自分の気持ちに素直になる
友達をつくるための工夫と手法
必要があればお互いの関係性を「輪どり」や「棒線」でつないでもいい

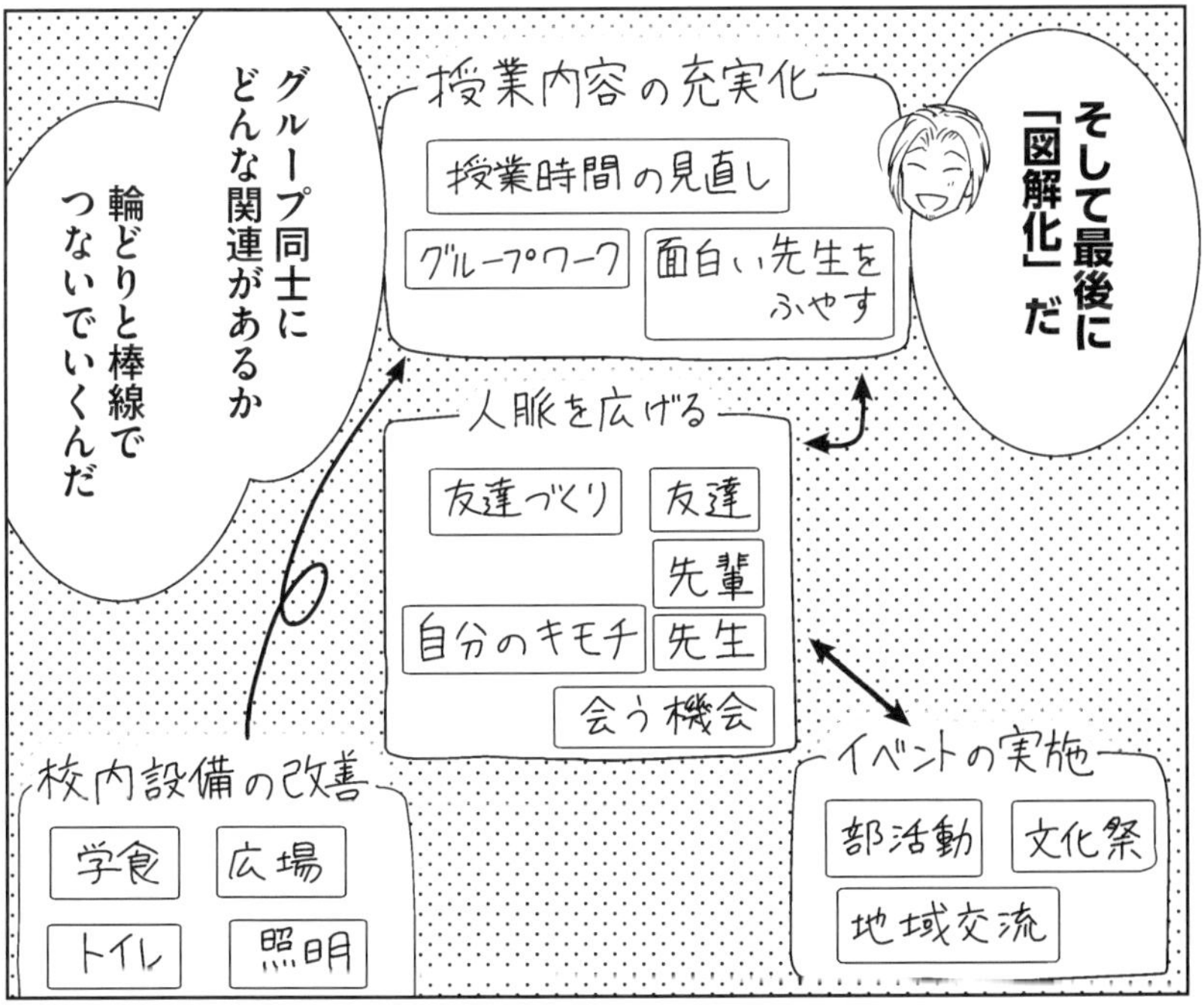
そして最後に「図解化」だ
授業内容の充実化
授業時間の見直し
グループワーク
面白い先生をふやす
人脈を広げる
友達づくり
友達
先輩
自分のキモチ
先生
会う機会
イベントの実施
部活動
文化祭
地域交流
校内設備の改善
学食
広場
トイレ
照明
グループ同士にどんな関連があるか
輪どりと棒線でつないでいくんだ

図解化の利点は一目で全体構造がわかることなんだ
例えば会議で出てきた意見がバラバラすぎてどうまとめればいいんだろうって困ったことはないかい？
あるだろ〜？
ズバッ
……。
すいません！まだ私会議に参加したことないです！
そうだった…
くるっ
何が言いたいかっていうと
そういうときも図解化すれば的確に問題点を見つけられるってことなのさ
なるほど！私も企画会議に参加できるように頑張ります！
ははは まずはそこからだね

はぁ……
ズル休み
しちゃった
千夏たちとブレストやって
ちょっとはコツをつかめたと
思ったのになぁ…
いけない
いけない
来週からは
ちゃんと
頑張らないと!
ヴ
ヴ
ヴ

…もしもし？
あっ 小雪 元気ー？
ダメだよ ズル休みはー
第1企画室の室長さんが来て いろいろ聞いたよ？
ヅっ
企画書仕上げたのは すごいけど ちょっと 先走ったね
今日はグループ編成の 続きを教わったんだ
なるほど… 図解化ねぇ
……まだ企画の考え方を 全部教えてもらった わけじゃなかったんだ
ちょっと 安心した

そうだ！
明日は休みだし
お出かけしようよ
えっ!?
イキナリ!?
外部探検しよ！
外部探検！
ちょっとそんな
急に言われても…
じゃあ10時に
新宿駅に集合ね
オヤスミー
ブツッ
ツーツー
あっ…
……もう
大谷さんといい
千夏といい
強引なんだから

第３章
解説

01 複数のグループを図解化する「ＫＪ法Ａ型」

図解化から文章化するＫＪ法ＡＢ型がもっとも効率がよい

内部探検や外部探検の結果を書き出した付箋（データ）をグループ編成することで、大・中・小と、グループ分けができているはずです。この後、行う作業には大きく二つの方法があります。

一つは**グループ編成によってまとめられた複数のグループを図解化する方法**です。これをＫＪ法Ａ型と呼びます。もう一つは**グループ内の付箋に書かれたワードをつなげ文章化する方法**です。これをＫＪ法Ｂ型と呼びます。

さらに、この二つを組み合わせた方法として、「Ａ型（図解化）→Ｂ型（文章化）」と進めるＫＪ法ＡＢ型、反対に「Ｂ型（文章化）→Ａ型（図解化）」と進めるＫＪ法ＢＡ型という方法もあります。

本章では、もっとも効率がよいとされているKJ法AB型の手法を紹介しましょう。

まずA型図解から始めます。前述したグループ編成によってできた各グループのうち、一つのグループに注目して、構成している付箋の内容をよく読みます。そして、付箋同士の関係性が論理的に納得できる（しっくりくる、落ち着きがよい）配置の仕方を考えます。この空間配置の作業がA型図解の第一歩です。

空間配置については、この後詳細を解説しますが、その前に表札づくりという作業をしてみましょう。

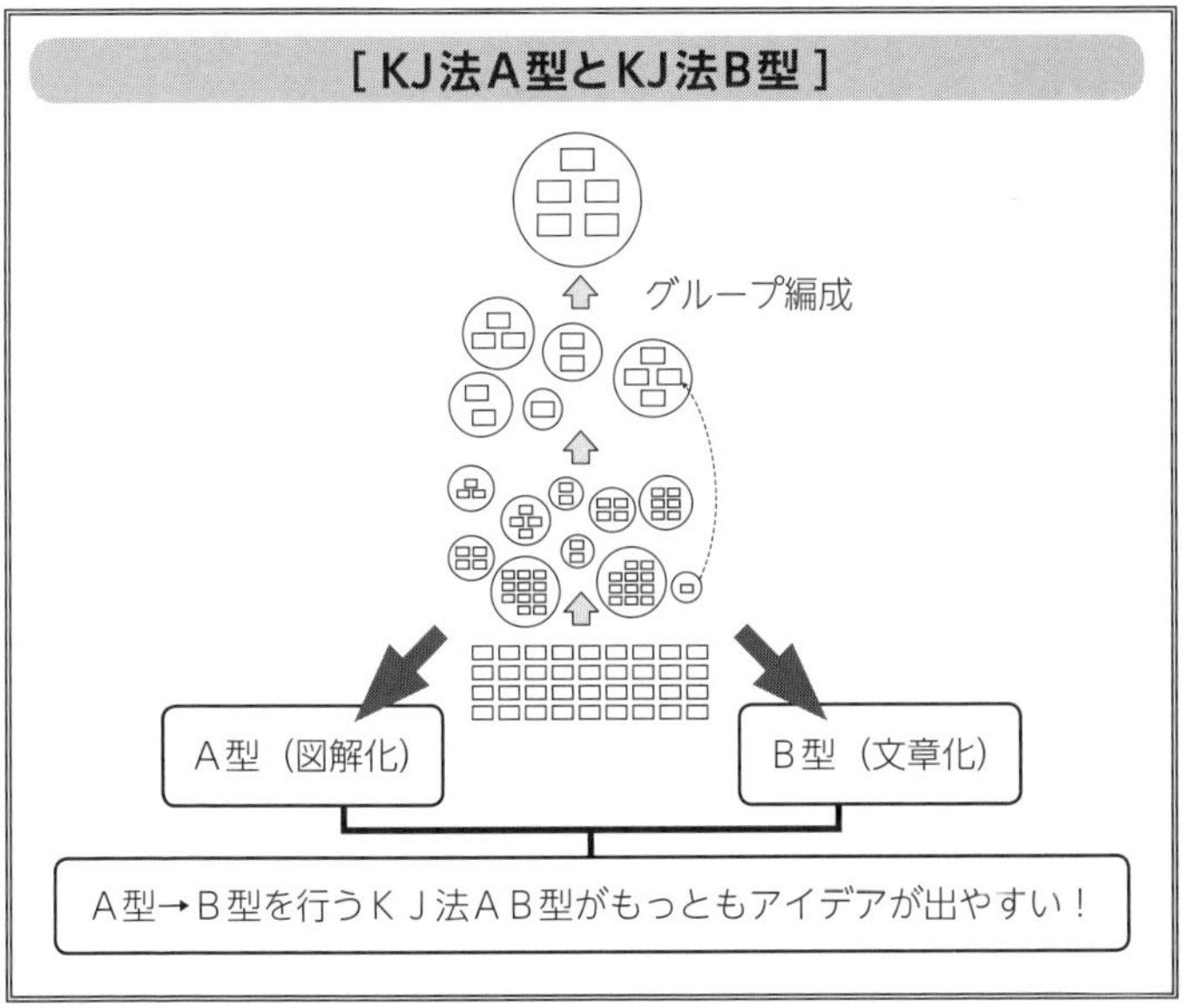
[KJ法A型とKJ法B型]
グループ編成
A型（図解化）
B型（文章化）
A型→B型を行うＫＪ法ＡＢ型がもっともアイデアが出やすい！

第3章 解説

02 一行でグループを表現する「表札づくり」

グループにまとめた理由を記す

表札づくりとは、文字通り各グループに表札をつけていく作業のことをいいます。グループ編成と同様、小さなグループから行います。まず、できあがった複数の小さなグループのうち、一つのグループを注意深くみてみましょう。

最初は「なんとなく関連するかもしれないな……」といった感覚的な理由からまとめたグループに対して、「なぜこの付箋をまとめたのか」と、その理由を考えてみるのです。そして、**このグループをまとめて表現する一行見出しを考えてみます。**

考えた見出しは新しい付箋に記載して、グループの上に配置します。これで表札の完成です。このとき書く文字の色は、グループを構成する付箋とは異なる色にしましょう。構成する付箋が黒字であれば、青色などで一行見出しを書きます。

この後は、中グループの表札をつくります。このときの表札の文字は、例えば赤字など、黒字や青字とは違う色を使います。さらに大グループの表札をつくるときには、表札の色を変えるだけでなく、二重線で囲むなど、はっきりと区別がつくようにすることがポイントです。

一連の表札づくりで、うまく表札ができない場合には、**グループ編成の内容をもう一度見直して、付箋を移動させる**など、調整をしてみるとよいでしょう。

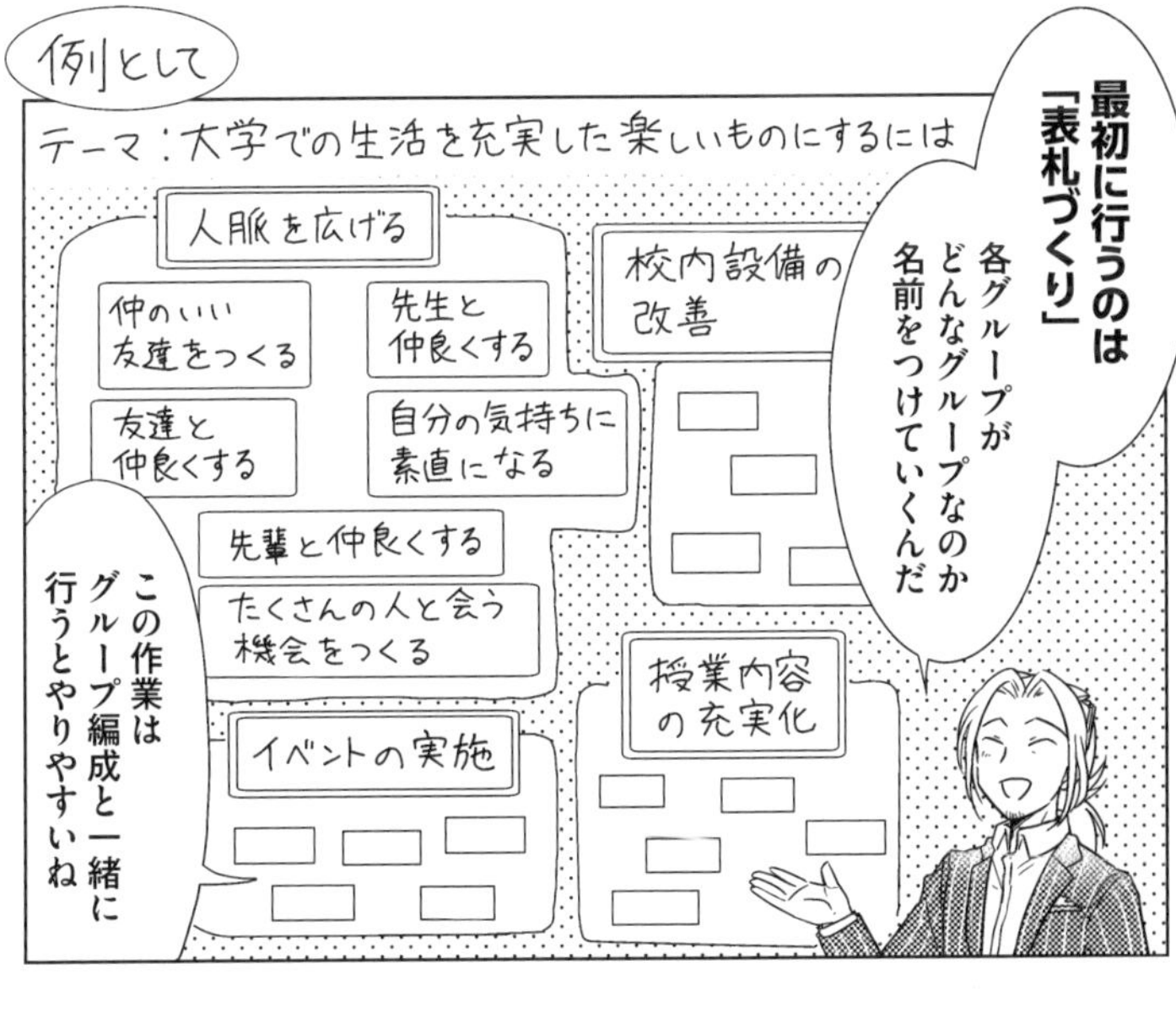

第3章
解説

03 関係性が見えるようになる「空間配置」

付箋を動かしながら、関係性を見つける

空間配置の作業では、正しい配置というものはありません。一つのグループでも二、三種類の並べ方があったり、そのときの心理状況や並べる人によっても変わったりするものです。ただ左右上下に並べるだけではなく、三角、放射状、碁盤の目状、ドーナツ状など、さまざまなパターンになる可能性があります。

ですが、並べている本人からすれば、自分の並べ方が正しいのか不安になるかもしれません。その配置が適切かどうか簡単に確かめる方法があります。

それは、**配置した付箋の並び方が意味するところの内容を口に出してみる**ことです。スムーズに説明できて内容がつながっているようであれば適切な図解化作業ができているといえます。

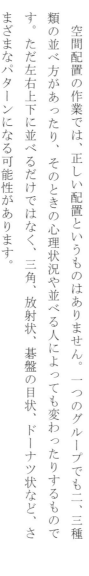

反対に、まったくつながらないときには、どんどん付箋を動かしてみましょう。動かすうちにしっくりとする配置が見つかるはずです。

こうして大、中、小の各グループの空間配置が終わったら、配置した付箋が動かないように模造紙やホワイトボードに貼りつけましょう。

空間配置の際、一つ一つの付箋の距離が近すぎて窮屈にならないよう、**なるべくゆったりと配置させる**のがポイントです。こうした余白は、この図解をみて思いついたアイデアやフレーズを書き込むのにも使えます。

次に「空間配置」
関係性がありそうなグループを近づけるとか
グループ同士の配置を調整する

第3章
解説

04 関係性を明確にする「輪どり」と「棒線」

空間配置した付箋の関係性を明確にする

現状のままでは、まだ付箋はバラバラとしているだけです。そこで輪どりという作業を行います。まず小グループの一つを選び、その周りを輪で囲みます。前述した表札をその輪どりの内側、外側、どちら側でもいいので貼りつけます。これで小さな島ができたことになります。このように輪どりすることで**グループの枠組みがはっきりし、そのまとまりが示す意味合いが明確になります**。

この作業をグループ編成と同じように、小↓中↓大と順番に輪どりします。このときの輪どりの線の太さは、小グループは一番細い線で囲み、グループの大きさに合わせてだんだんと線を太くしていきます。こうしたひと工夫でとても見やすい図解になります。

そしてすべてのグループの輪どりが終わったら、各付箋や表札、また各島の関係性を棒線で表しましょう。関係があるものは「――」、相互に因果関係があるものは「←→」、お互いに対立するものは「>―<」、原因と結果の関係にあるものは「――>」など、あらかじめ棒線記号の意味を決めておき、**さまざまな記号を使って関連づけを行います。**

こうすると、図解を評価することが可能になります。例えば、小さな島(小グループ)を対象に「どの島が一番重要か」といった視点で、ABCランクや1~5の点数をつけるといった方法です。これによりさらに意味のある図解とすることができます。

[輪どりと棒線]

● 輪どり

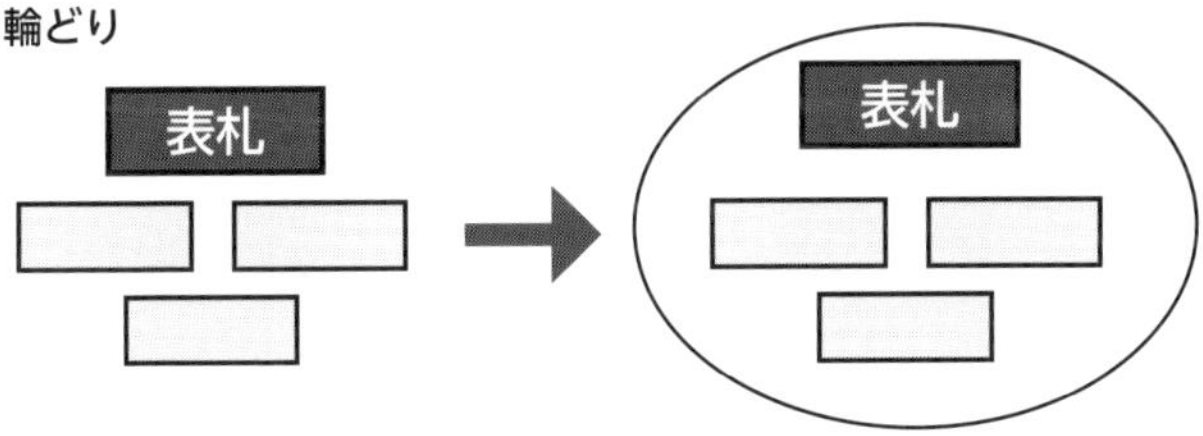

● 棒線の一例

- 「――――」(関係性あり)
- 「――――>」(因果関係、マクロからミクロなど)
- 「<――――>」(相互に因果関係)
- 「>――――<」(お互いに対立)
- 「=====」(同じ)

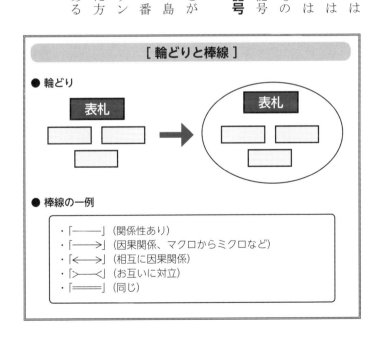

翌日
IKAYA
IKAYA
小雪ちゃんの私服初めて見た！
職場以外で会うことってなかったもんね
で 外部探検とか言ってたけど
どこへ行こうっていうの？
ふっふ～ん ここです！

ここって…
IKAYA?
IKAYA
ほら私って
他の会社のこと
あまり知らないし
どんな商品があるのか
実際に見てみようかなって
うわ～広い！
でっかい倉庫
みたい！
店内を
歩いてるだけで
楽しいね～
見て見て
これ可愛い
あはっ
これなんか
すごいオシャレ！

全体的に
なんか海外っぽい
デザインだよね
それは
そうよ
この会社は
ヨーロッパ発祥で
北米やアジアにも
展開している
家具量販店なんだから
小雪ちゃん
詳しいー
キラ
キラ
ほんとにもう…
千夏が
知らなすぎるのよ
安い値段で海外風の
家具を買えるから
特に若い人に人気なの
そうなんだ
私 家具とか全部
うちの会社で
揃えてた
社割で
買えるし
自社
自社
自社
……
この子は…

まあ安さを維持するために家具は自分で組み立てなきゃいけないとか手間もあるんだけどね
うちの会社とは売り場の雰囲気が全然違うよね
あ～満喫した！
そろそろ出ようか
もう一つ行きたいお店があるんだ
え…
行きたいお店？

ニャ〜〜
ネコカフェ きゃっと
で
…なんで猫カフェ？
新しい企画を考えるんじゃなかったの…
どうしても1回来てみたくて…
もう……仕事と関係な……っ
ところでさ IKAYAで見たボウル！網目が花柄になってて可愛かったよね
あれ結構売れてるんじゃないかなぁ
調味料を保存する容器も隙間に置きやすくて使いやすそうだった

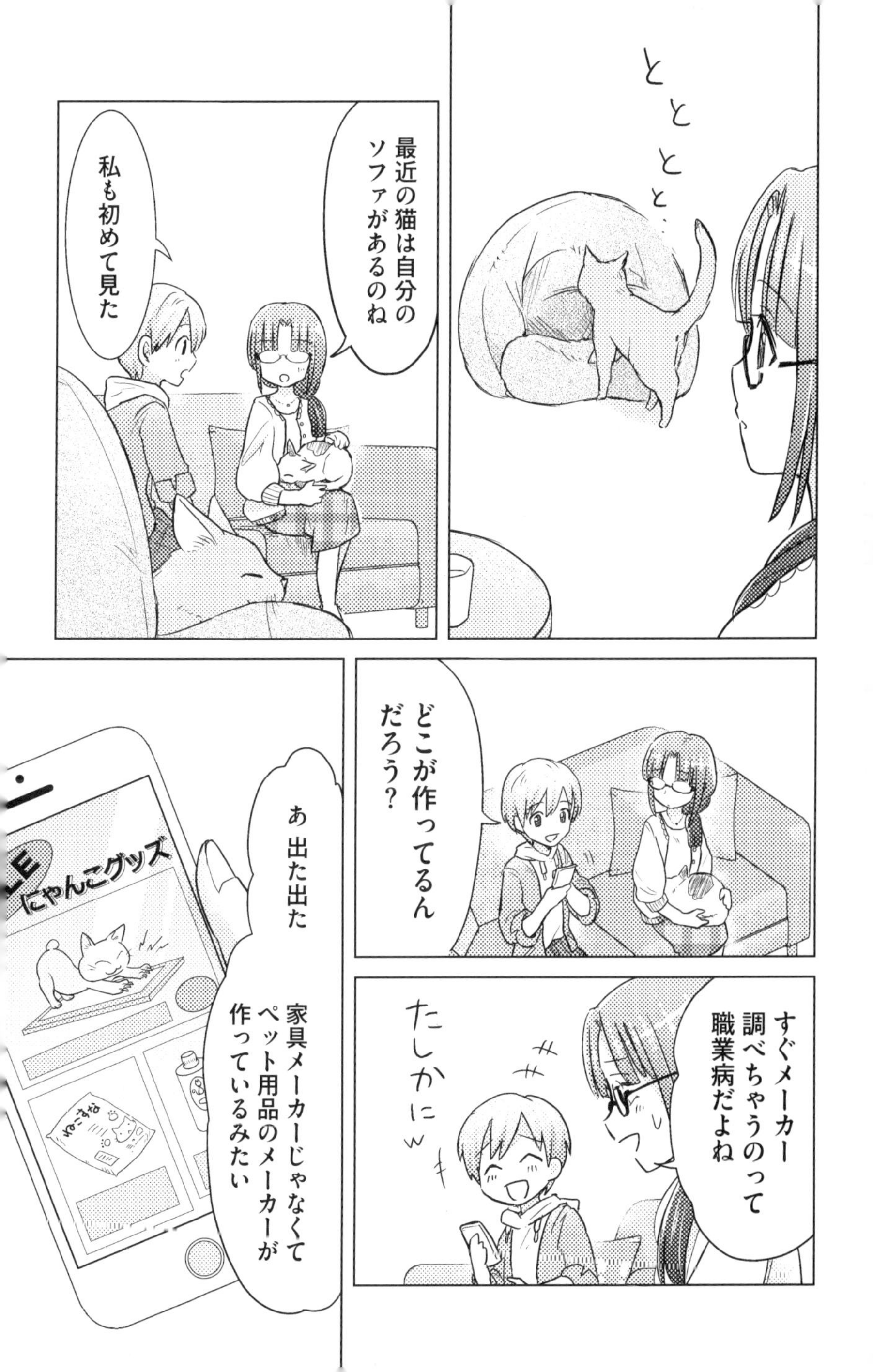
とととと…
最近の猫は自分のソファがあるのね
私も初めて見た
どこが作ってるんだろう？
すぐメーカー調べちゃうのって職業病だよね
たしかにw
あ 出た出た
家具メーカーじゃなくてペット用品のメーカーが作っているみたい
にゃんこグッズ

へー 家具メーカーじゃなくても家具って作ってるんだね
見た目は確かにソファだけど
家具っていうよりはペット用品って認識なのかもね…
……
…ねえ 小雪ちゃん
…何？
どうせ変な思いつきでも言おうとしてるんでしょ
そうとは限らないじゃん
だからこれで確かめるんだよ
ぺらん

翌々日
いやー
就業時間
ぎりぎり…
何で朝の
エレベーターって
あんなに混むんだ
ろうね
おはよ～～！
本当ですよね
絶対エレベーターの数が
足りてないですよ
混むのがわかって
いるんですから
早めに来れば
いいんですよ
あはは…
理想と
正論…
これはすごい…
二人で
考えたのかい？

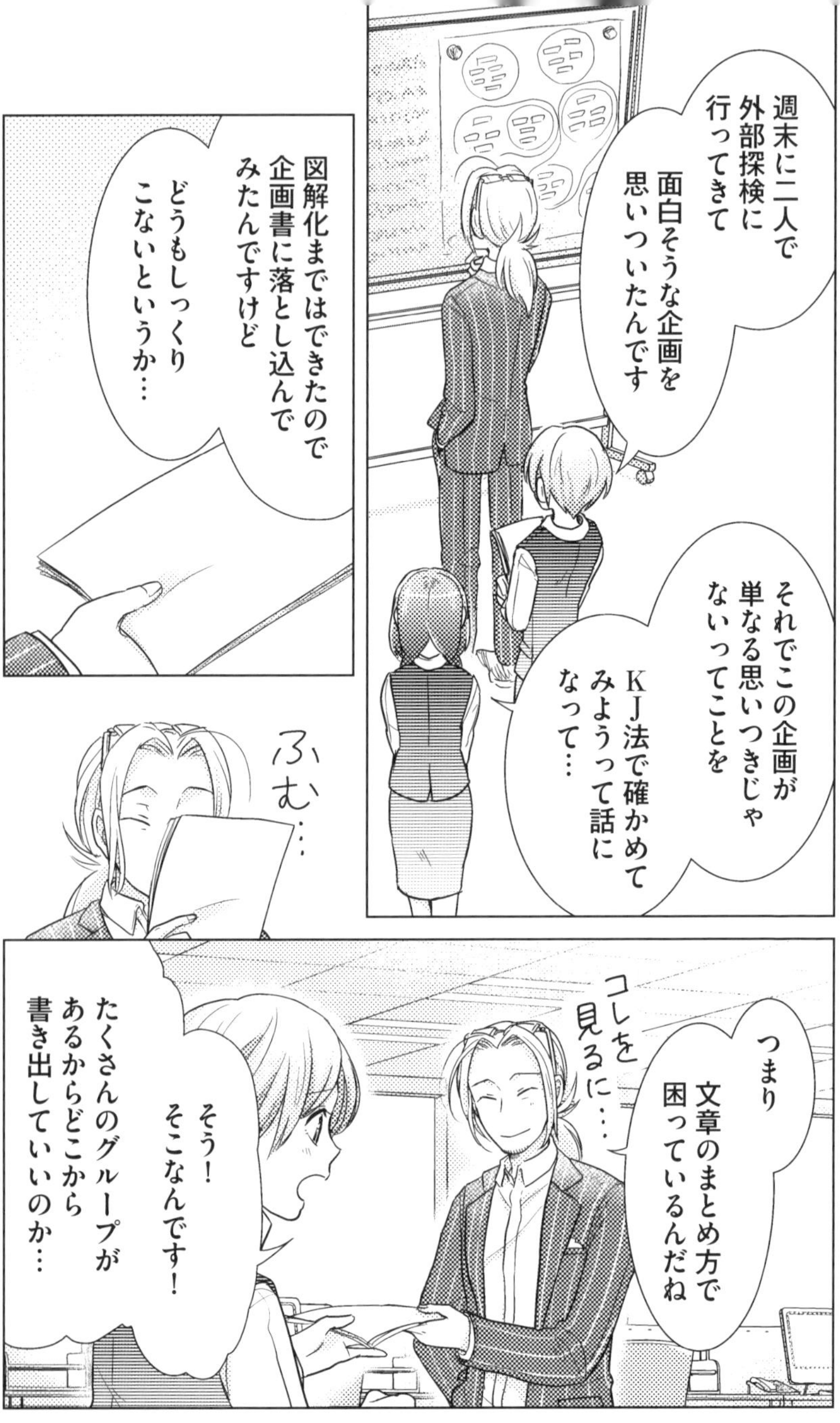
週末に二人で外部探検に行ってきて
面白そうな企画を思いついたんです
図解化まではできたので企画書に落とし込んでみたんですけど
どうもしっくりこないというか…
それでこの企画が単なる思いつきじゃないってことを
KJ法で確かめてみようって話になって…
ふむ…
つまり
文章のまとめ方で困っているんだね
コレを見るに…
そう！そこなんです！
たくさんのグループがあるからどこから書き出していいのか…

そういうときはまず小さなユニットを作るんだ
?
ユニット?
グループ編成の最初に作った小グループ一つ
小グループ
もしくは関連性のある小グループを二、三個くくってしまうんだ
小
小
小
図解の中でこのユニットをいくつも作り
「ここから書き始めるのがよさそうだ」と思った箇所を第1ユニットにする
第1ユニット

文章はユニットの情報を整理して作成するんだ
第1ユニット
第1ユニットから文章を書き出し 隣接するユニットを文章の続きとしてまとめる
つなげやすい
隣接するユニットが複数ある場合は文章をつなげやすいほうを選べばいいんだ
それから実際にユニットを文章にしようとすると
ユニットごとに情報をまとめるためのアイデアがいくつも出てくる
アイデア
文章
A
B
C

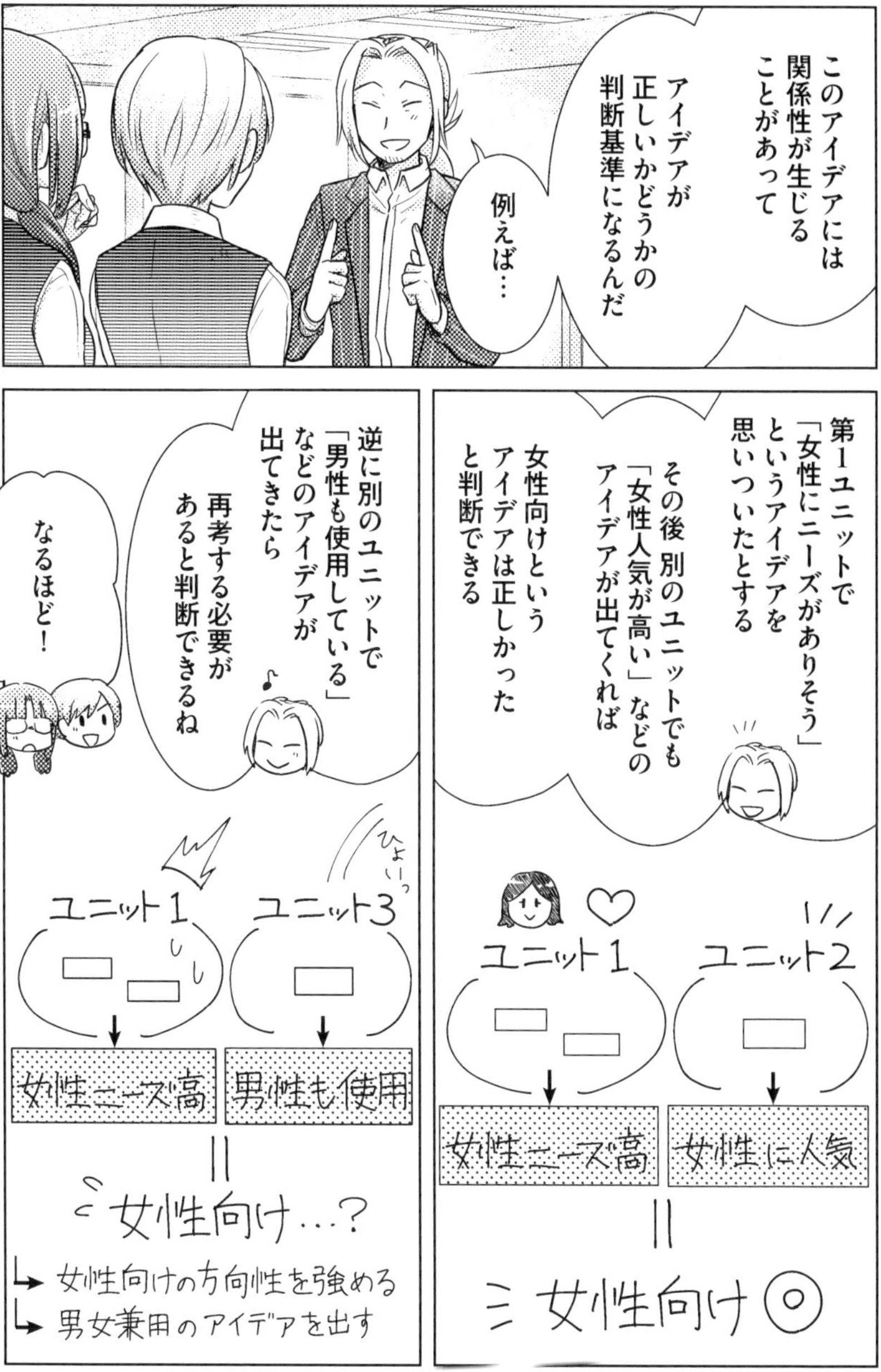
このアイデアには関係性が生じることがあって
アイデアが正しいかどうかの判断基準になるんだ
例えば…
第1ユニットで「女性にニーズがありそう」というアイデアを思いついたとする
その後 別のユニットでも「女性人気が高い」などのアイデアが出てくれば
女性向けというアイデアは正しかったと判断できる
ユニット1
ユニット2
女性ニーズ高
女性に人気
≒女性向け◎
逆に別のユニットで「男性も使用している」などのアイデアが出てきたら
再考する必要があると判断できるね
なるほど!
ひょいっ
ユニット1
ユニット3
女性ニーズ高
男性も使用
≒女性向け…?
↳女性向けの方向性を強める
↳男女兼用のアイデアを出す

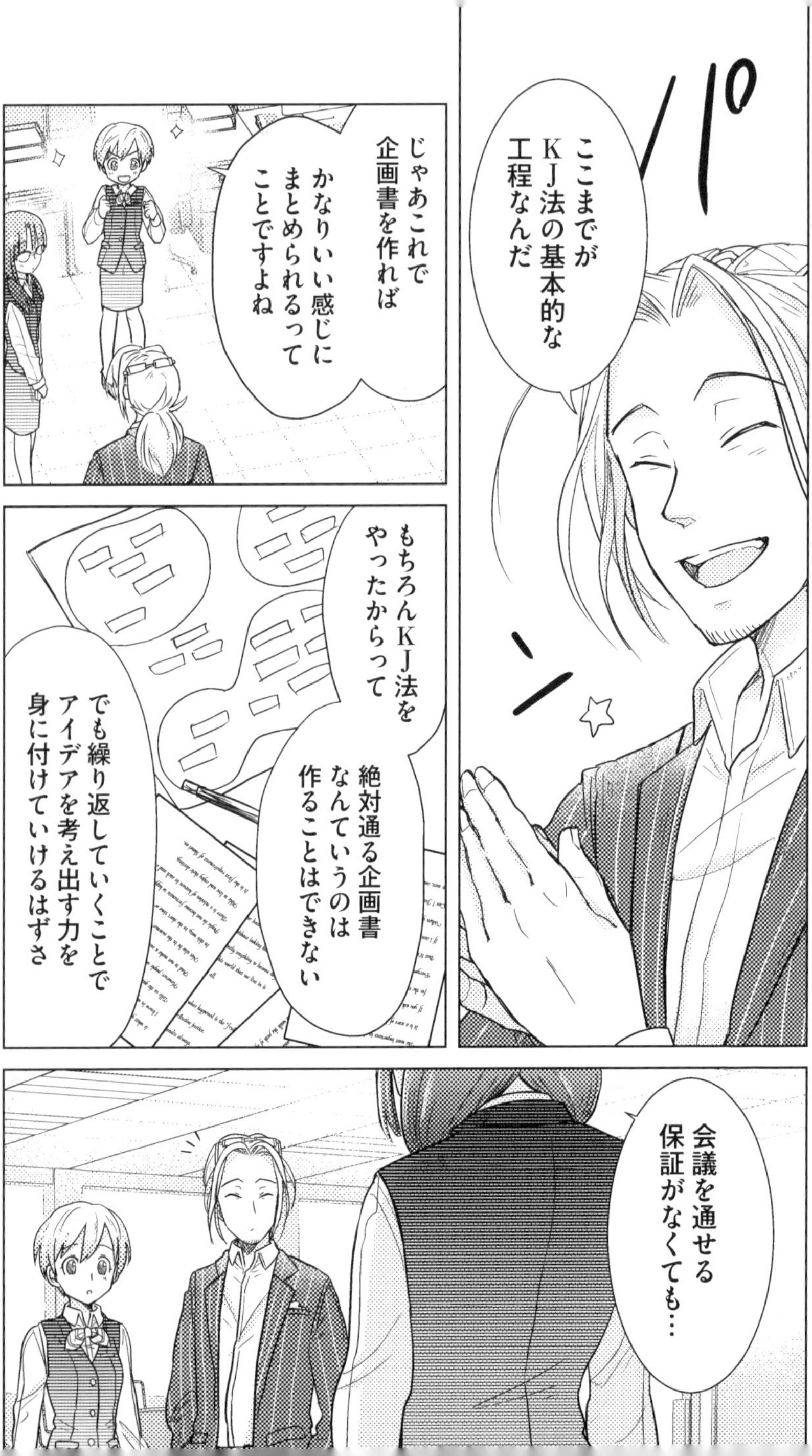
パ
ここまでがKJ法の基本的な工程なんだ
じゃあこれで企画書を作ればかなりいい感じにまとめられるってことですよね
もちろんKJ法をやったからって
絶対通る企画書なんていうのは作ることはできない
でも繰り返していくことでアイデアを考え出す力を身に付けていけるはずさ
会議を通せる保証がなくても…

…私
この企画を
どうしても実現
してみたいんです！
小雪ちゃん…
…うん
そうだね
これだけ頑張って
いるんだし
やれるところまで
やってみようか

第3章

解説

05 「KJ法B型」による文章化

文章化の重要性

A型の図解化が終わったら、次はB型、つまり文章化を行います。図解は、前述したように各項目の間にある関係性を可視化する効果があります。しかし、それだけでは島と島の間に具体的にどういう性質のつながりがあるのかがはっきりしないという弱点があります。この**あいまいとしたつながりを具体化し、さらに新しい発想を付け加えることができる**のがB型（文章化）の作業になります。

また、図解化によって想定した関係性が間違っていた場合、その誤りを発見し、修正することができるのは文章化したときなのです。これは文章化を先に行い、それを図解化したときにも同じようなことが起こります。

では次の項から、文章化の実際の手順に話を戻します。といっても図解化ほど複雑な手

順を踏むものではありません。

文章化は、基本的に図解によって示された**各付箋の内容をつなぎ合わせて文章にする**というシンプルな作業です。

では、いくつもある島の中でどこから文章化していけばいいのでしょうか。ここでキーとなるのがユニットという考え方です。

図解化と文章化、それぞれに行うメリットがあるんだね

つまり
文章のまとめ方で困っているんだね
コレを見るに……
そう！そこなんです！
たくさんのグループがあるからどこから書き出していいのか…

第3章
解説

06 発想の種となる「ユニット」

発想の種は最初にまとめたグループの中にある

ユニットとは「発想のための基礎的データ」のことです。図解上の複数の島のうち、グループ編成で最初にまとめた小グループの島がユニットになることが多いです。この第1ユニットから文章化を始めるようにしましょう。

とは言え、いくつもユニットがある図解がほとんどです。ですから、複数ユニットのうち**「（感覚的に）このユニットから始めたほうがいいかも」**と思うグループがあれば、そこから文章化していきましょう。

もしどこから始めればいいか判断がつかないときには、前述した図解の評価を行っていれば、評価点が高いものから始めてみるのも一つの方法です。

最初のユニットが決まったら、ユニットを構成する付箋や表札の内容を見ながら文章化

していきます。一つのユニットの文章化が終わったら、次のユニットの文章化に進みますが、このときのコースには下記の図のように二つのパターンがあります。

この二つはどちらも間違いではありませんが、コース①のほうが、相互に深い関係性が発生し、発想のアイデアやヒントが湧き出しやすくなります。

文章化がうまくいかないときは、図解に誤りがあるかもしれないから、調整できないか確認してみてね

[文章化に関する二つのコース]

コース① ＝隣接するユニットのものを文章化していく

コース② ＝コースを固定化せず、柔軟に上下左右のユニットを自由に選びながら、文章化していく

↓

コース①のほうが、関係性が発生しやすい

関係性とは……
①未発達（結果的にアイデアを生み出せない）
②没落（各アイデアが矛盾・否定し合う）
③安定性の獲得（アイデア同士が補完し合う）
④包括性の獲得（複数のアイデアからさらに新しいアイデアが生まれる）

第3章
解説

07 ストーリーを作って読みやすい文章に

ストーリー作りのポイントは「叙述」と「解釈」

文章化する上で注意したいのは、**「叙述と解釈をはっきりと区別する」**ことと**「自分以外の他人が読んでも理解できる一編のストーリーを作る」**ということです。ちなみに「叙述」とは、「物事を順を追って述べること」です。

つまり、作った文章のうち、どこまでが付箋に書かれたデータ（内部探検や外部探検の結果など）を取りまとめた文章で、どこからがデータを基に自分なりに考えた解釈やアイデアなのかをはっきりわかるようにするということ。そして、第三者が読んでもわかるような言葉や表現を使うということです。

文章化したものを読んだ上司や同僚から「その解釈は違うのでは？」や「こんな解釈の仕方もあるのでは？」といった意見が出てくるかもしれません。

しかし、文章化した内容が「正しいか間違いか」ということはあまり関係がありません。**データを基に自分なりの解釈をしてみる**ことが大切です。

肯定的な声や否定的な声、こうしたさまざまな意見が自然と出てくること自体が、新しい発想を生み出すエネルギーとなります。

またストーリーにしようとしても、なかなかうまくつながらない場合も多々あると思いますが、そうした**行き詰まりのときこそ、よりよいアイデアを思いつく**ものです。行き詰まったときには、グループ編成や図解化からやり直しても構いません。

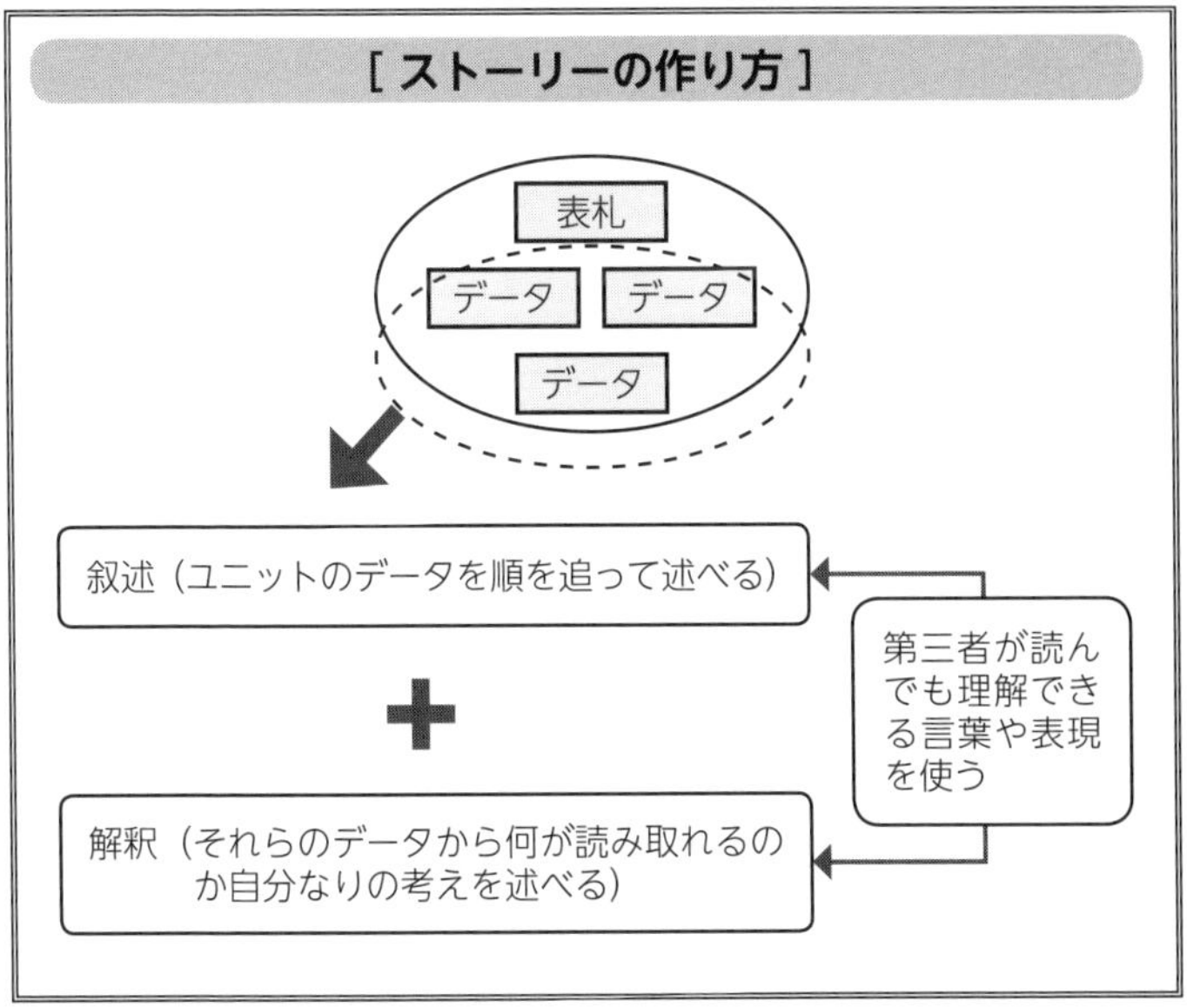

第3章

解説

08 話してストーリーを作る「省略B型」

文章の代わりに、話すことでストーリーを作る

文章化の方法を紹介してきましたが、やはり文章にするのが苦手という人もいるでしょう。実際、文章化には、人や内容、状況によっては制作に時間がかかってしまうという欠点があります。

そうした欠点を解消する方法として、文章化ではなく、言葉にすることでストーリーを作っていく方法があります。これを省略B型（B'型）と呼びます。この方法であれば、スピーディに作業を進めることができます。

省略B型は、B型と同じく、まず一つのユニットを選び、その中の付箋の内容をつなぎながら言語化していきます。

ここで大切なのは、単に付箋の内容を順に追うのではなく、**付箋同士の間にある関係性**

やその付箋の中から感じ取ったヒントを盛り込みながらストーリーを作ることです。

実際に言語化するときは、独り言でも誰かと話してでもかまいませんが、それぞれ長所と短所があるため、状況などに応じて使い分けましょう。

また、ストーリーを話し始めると、話している途中でふとアイデアが浮かぶことがあります。またストーリーを紡ぐ上で決定的に欠けている要素などに気づくこともあります。**こうした瞬間を逃さず、記録していくこと**が省略B型では大切なポイントとなります。

［省略B型の二つのタイプの長所と短所］

● 独り言タイプ

長所	短所
話している最中にアイデアが浮かんでも、話をストップさせればすぐに記録できる	ストーリーが半端なものであっても、無理やり自己完結してしまうことがある

● 誰かに話すタイプ

長所	短所
他者に伝わるように努力してストーリーを作る気持ちになる	浮かんだアイデアを聞き手が記録していく必要があるが、話し手と聞き手の信頼関係や聞き手の理解力が必要不可欠

実践！KJ法

実際にKJ法をどう進めればいいのか、
step を追ってみていきましょう。
各項目の詳細は、解説ページを参照ください。

準備

<用意するもの>

①黒鉛筆または黒ペン
②赤や青などの色鉛筆または色ペン
③名刺大の紙（大きめの付箋など）　※ラベルとして使用します
④図解用の模造紙（日付・場所・参加者名を必ず記入）
⑤文書を書くための原稿用紙（メモを書くのにも使用）
⑥紙切れを広げるためのスペース

<チーム編成>

五〜六人が理想
(職場環境や年代など、価値観の異なる者で構成するとなおよい)

※KJ法は一人であっても、十分に行うことができます。五〜六人は組織やビジネスで利用するのに最も適している人数、ということです。
※七人以上でも行うことは可能ですが、参加者全員で同等に意見交換をするには多すぎるかもしれません。

step1

テーマを決める

まずはじめに、「一番に解決したい問題」を出し合います。職種や立場が異なる場合、全く異なる問題が並ぶでしょう。

それらをラベルに書き、後述の**step4 ～7** を行うことで、**「全員が共通で持つ問題」**を作り上げていきます。後半のステップを実践していない初心者の場合は、リーダーなど、まとめ役の人がテーマを設定し、省略してもいいでしょう。

step2

ラベルを出し合う

一回15～20分など、制限時間を決めて各自が持つ意見や感想を話し合います。このとき、以下のルールを守りましょう。

- ☑ **他人の意見を否定しない**
- ☑ **自由に発言する**

話し合いで出た意見や感想は、まだラベルに書かず、ノートやメモ帳にキーワードを控えるなど、「自分がわかる程度のメモ」として残しておきましょう。

時間が経過したら、その話し合いで発言したことを含め、ラベルに書き出していきます。

このとき、三つの注意点があります。

- ☑ **一枚に一つの訴えを書く（二つ以上の要素を書かない）**
- ☑ **主語と述語をはっきりと書く**
- ☑ **誰にもでもわかるよう専門用語は避ける**

ラベルの書き出しで最も大事なのは**「“自分の意見”を書く」**こと。つまり、**「自分が発言したことに文章として責任を持つ」**ことです。

事前の話し合いもなく、ただ思っていることを書き連ねるより、他人と話し合いをしたうえで、自分の意見をこの場で残すべきかを考えるフェーズがあるほうが、後々の議論で意見が後戻りすることを防ぐことができます。

なお、一回に出すラベルの枚数に制限はありません。いいたいことがあれば、たくさん出すのもOK です。また、その後の話し合いで考えが変わったならば、前に書いた意見を修正しても問題ありません。

この「話し合い⇒ラベル書き」のセットを、三～六回行います。

step3

ラベル集め

step2 を五回行った場合、一回につき20枚、五回で計100枚のラベルが集まったとします。この100枚のラベルを模造紙の上に並べ、**「なんとなく近い」「なんとなく遠い」という感覚**でグループ分けをしていきましょう。

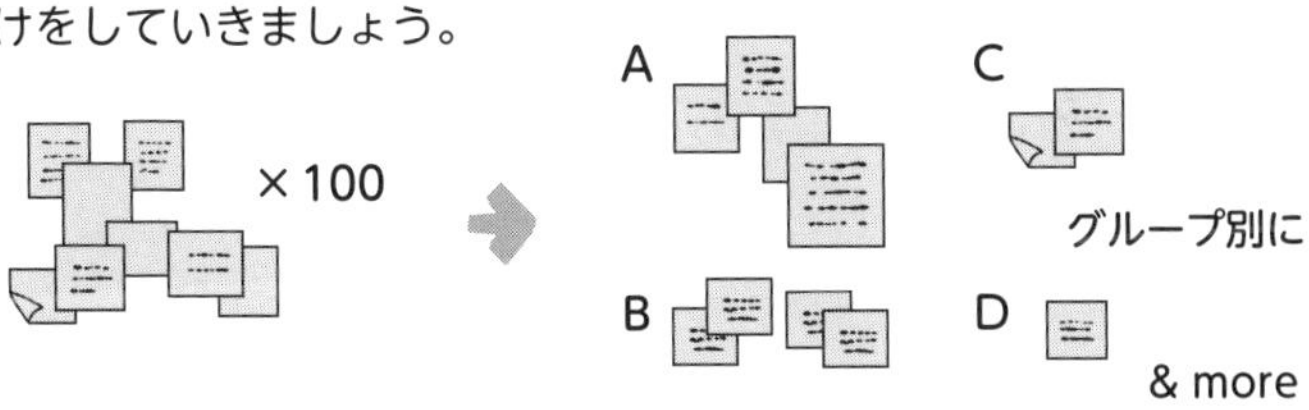

ここで注意すべきは、**「既成概念を持ち込まない」**ことです。**過去の経験や知識から無意識に持っている「こうすべき」という気持ちは捨てる**こと。そしてここでも、他者の意見を否定しないことが大事になります。

なお、最初のグループ分けはできるだけ少ない枚数のラベルで作ります。すべてのラベルがきれいにグループ分けされなくても、後々含まれたり、余った一枚から新しいアイデアが生まれたりするので、気にせず進めましょう。

step4

表札づくり

ラベルのグループ分けができたら、次に各グループに表札をつけていきます。大きいラベルを使う、赤や青の色鉛筆や色ペンを使うなど、これまでのものと区別できるようにしましょう。

表札づくりのポイントは、**step2** のラベルを書くときと同様、**「主語と述語をはっきりと書く」**ことと、**「誰にでもわかるように書く」**こと。さらに、**「すべてのラベルの要素が表札の一行に集約されている」**ことが大事です。

例えば、仕事の働き方改善をテーマにして、

「雑談レベルで打ち合わせしたいが場所がない」

「お昼休憩ができない」

「夜勤明けなどのときに休めるスペースが欲しい」


というラベルが出たとします。

これらを同じグループにした場合、表札は、

「社員同士の打ち合わせやお昼休憩、
夜勤明けなどで利用できるスペースを作る」

となります。

すると、**読んだ人は各ラベルに書かれていることを追わなくても、表札を見るだけで内容を理解することができる**のです。

逆に、表札ができないときは、グループ分けがうまくいっていないのかもしれません。中に入っているラベルを見直してみましょう。

step5

空間配置

次に、表札をつけたグループを、模造紙に配置していきます。このときも**step3**のラベルを振り分けるときと同様に、**「なんとなく近い」「なんとなく遠い」という感覚で並べていきます**。しっくりくる配置ができない場合は、どんどん動かしてみましょう。自分が思ってもいない位置でピタリとはまることがあります。

グループ同士を配置すると、
関係性も見えやすい！

step6

輪どりと棒線⇒図解化

グループの位置が決まったら、各グループに入っているラベルを並べ、グループ同士での関係性を輪どりと棒線で示していきます。周りを輪で囲むことを輪どりといいます。関係性を示す棒線の書き方は以下の通り。

- —— 関係あり
- ——> 因果関係
- <——> 相互に因果関係
- >——< 互いに反対
- ＝＝ 同じ

この時点で、別のグループに入れたラベルと関係性があると感じた場合は、棒線を書き足していきましょう。

これで自然と図解ができあがっていきます。

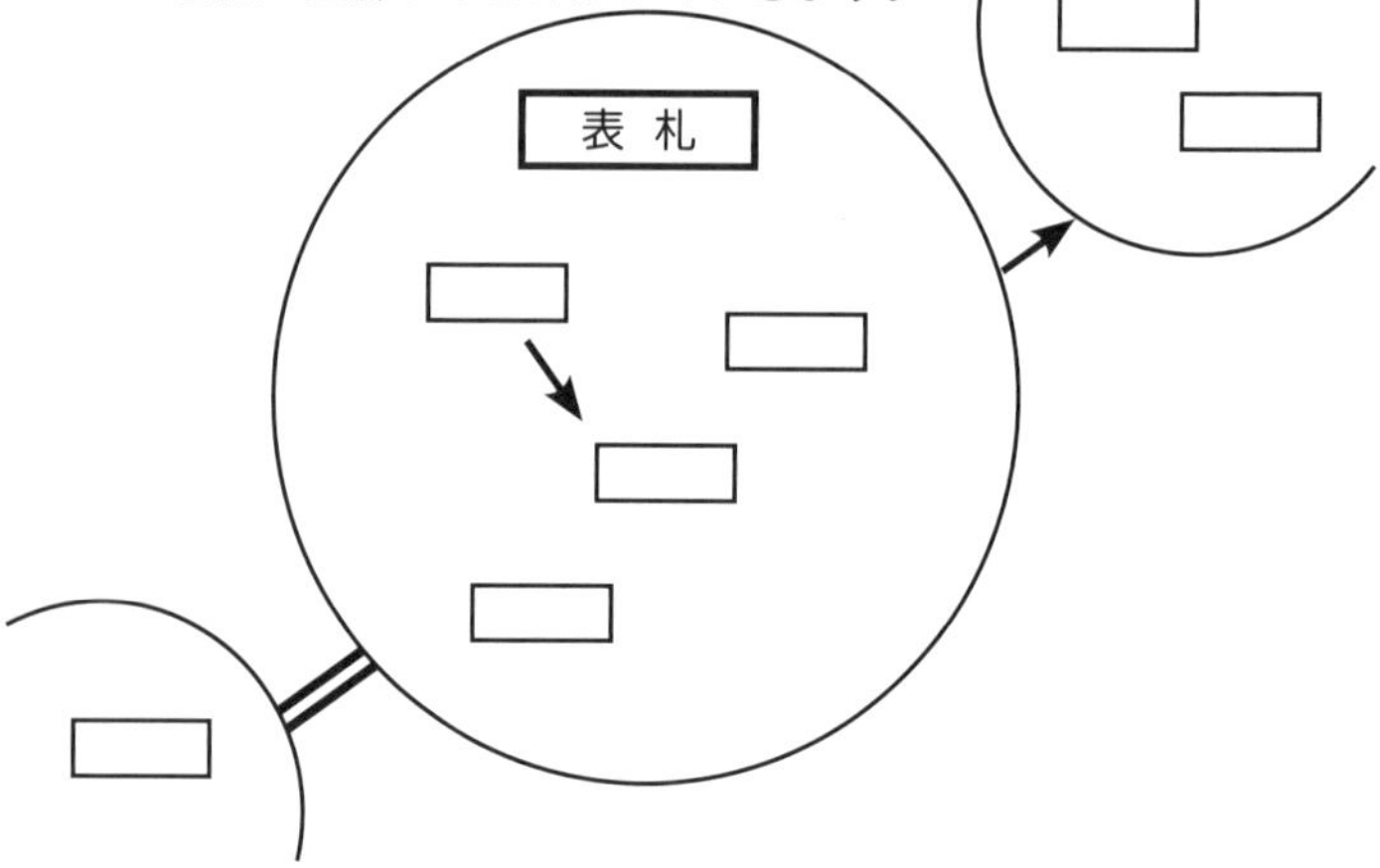

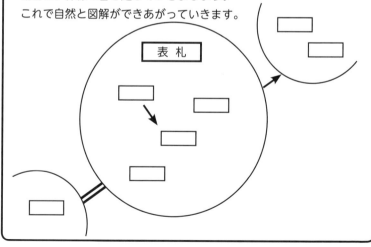

step7

文章化

図解ができたら、文章化を行いましょう。文章にするのが苦手な人は、**声に出して図解内容を説明**しても問題ありません。

step6 で書いた関係性に沿って説明していけば、自然と文章になっていくので、あまり難しく考えずにやってみることが大事です。

図解を文章化すると、話し合いの内容がより深く理解できるようになります。

ここまででKJ法の1ラウンドは終了です。簡単な問題・テーマであれば、1ラウンドで十分な効果が得られます。しかし、より複雑な問題やテーマを扱った場合、1ラウンドでは最終的な結論や発想に至らないことがあります。そんなときはKJ法を累積的に何ラウンドも行い、たたみかけていく必要があります。

ニャー

第4章

KJ法の応用とその効果

いよいよ二人は企画会議に臨むことに。はたして二人の考えた企画は会議を通過することができるのか!?

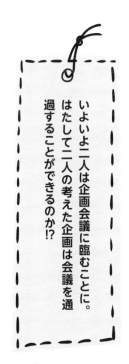

今回は第2企画室さんと合同で会議を行うことになりましたが
会議の流れ自体は変わりません
今年はまだ大ヒットと呼べるような商品がなく
営業や経営陣からも目玉商品を！と言われていますので
皆さんの提案に期待しています

そちらも大丈夫ですよね
ええもちろんです♪
それじゃあまずは加藤さんの企画から説明をお願いします
はい
ガタ
え〜つまり…これが…
ねえ小雪ちゃん全然会議の流れがわからないんだけど…
ヒソヒソ
今日で企画の合否が決まるってこと？

この間説明したでしょ
今日の会議でOKが出たものは役員会議にかけられてそこで最終的な合否が決まるわ
役員会議
合格
今日
もちろん没や改善を求められるパターンもある
とにかく今日の会議を通すためにはあの第1室長を説得させられるかがポイントになるわ
なるほど
わかったらちゃんとプレゼン聞く!

以上です
ガタ
これはちょっと上には通せないな
今のは改善の必要がある…
これも…
ええ…
ばしばし落とされるね…
ひゃ~…
不安になってきた…
うう…

じゃあ最後に緑川さん
紫村さんお願いします
ドキ
…本当に
この企画で
大丈夫かな
ドキ
ドキ
大丈夫だよ！
必要なデータは十分あるし
そこから何をすればいいかも
導き出せた…
あとはもうそれを
みんなに伝えるだけ
なんだから
もっと自分を
信じようよ！
千夏…

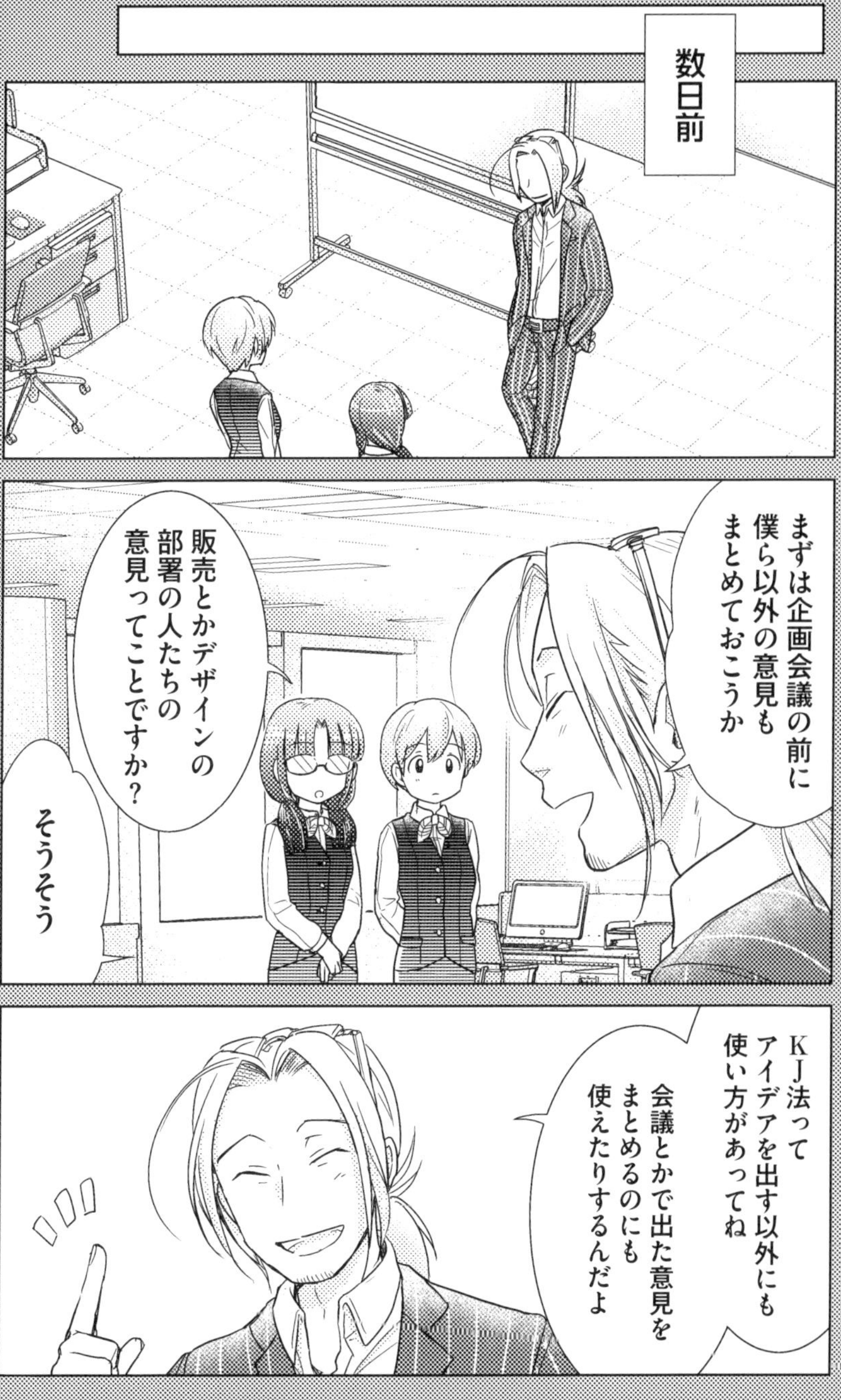
数日前
まずは企画会議の前に僕ら以外の意見もまとめておこうか
販売とかデザインの部署の人たちの意見ってことですか？
そうそう
KJ法ってアイデアを出す以外にも使い方があってね
会議とかで出た意見をまとめるのにも使えたりするんだよ

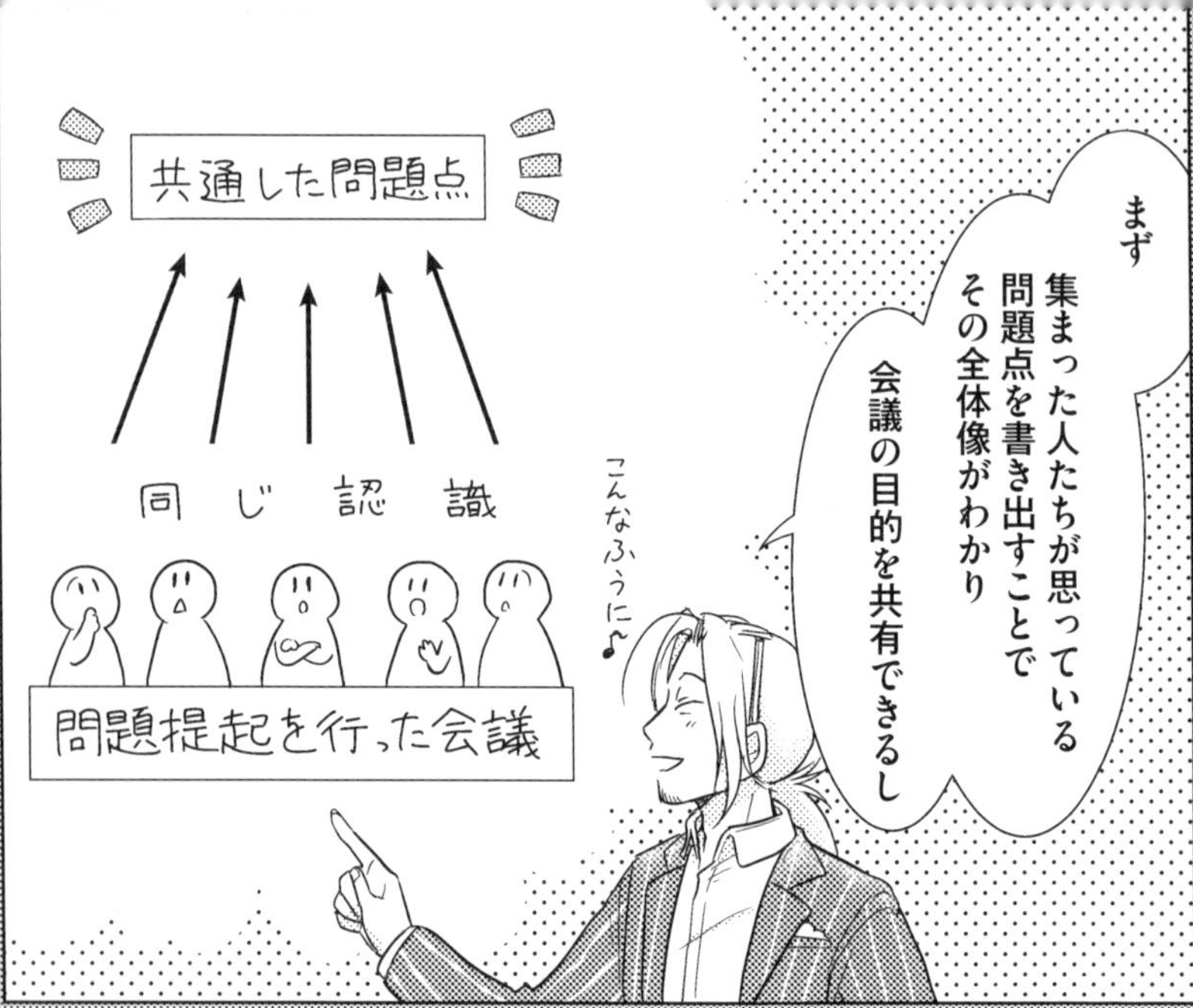
まず
集まった人たちが思っている
問題点を書き出すことで
その全体像がわかり
会議の目的を共有できるし
こんなふうに♪
共通した問題点
同じ認識
問題提起を行った会議

発言やアイデアを図解化すれば
他人の意見を自分の好き嫌いで
判断しないようになる
この意見
実は無関係では
ないんじゃ…？
言われて
みれば…
つまり各自の先入観を
なくすことができるんだ

商品一つにしたって部署ごとに気になる点は違うからね
他の人が気づいた問題点をＫＪ法で整理していけば企画をブラシュアップできるはずだよ
私お店の人たちだったらすぐに聞いてこれます！
やるぞー！
わ私も他の部署の人たちと打ち合わせしてきます！
よし…！

今回私たちが
提案するのは
ペット専用の家具です
ざわ…
ペット用？
ヒソ
ヒソ
どういうことだ？
この後の説明についてはは
2ページ目の
資料を見ながら
聞いてください
これは…？
これは企画をまとめる際に
各部署からヒアリングした
意見を図にしたものです

例えば今回の商品のデザインについてはすでに販売している家具のシリーズとすることで
ペット用家具はペット用品メーカーが作っている
インテリアとしての統一感を出したい
ペット用品としての機能性だけでなくインテリアとしての統一感を出すことも重視しています
ペット用品なら材料は少なくてよ
破材を利用できないか…？
ストカットにつながる
材料については人用の家具を作るときに使った材料の端材を再利用することで
材料費のコストカットも考えています
これで…
皆に理解してもらえるはず！

できた～！
企画会議のときはこの図も資料として持ってくるんだよ
この資料をですか？
企画に反対する人のうち8～9割は企画の意図や内容がわからないまま反対している
いわば「意味のない」反対だ

そ　そんなぁ…
プレゼンする側は必死に考えてきてるのに…
だからこそ資料が必要なんだ
企画内容を図にして口頭で説明するだけで聞き手の理解度は格段に上がる
内容を理解している人にとっては図のどこに反対なのかがわかるようになるから
有益な話し合いをすることができる
内容を理解した上での反対
有益な意見
討論
内容自体がわからない
新しい発想
新しい発想はそういった話し合いの中から生まれるんだ

売れるかどうかは別として
確かに面白い企画だと思う
やった！
うん！
だが売り方はどうするつもりなんだ
家具っていうのは見て触って使い心地を確かめてから購入するか考える人も多い
じろ…
まさか店内にペットを同伴させるつもりかね

私猫を飼っているんですけど
家猫なんでお店に連れていくのはちょっと難しいかも…
あたふた
売り方かー全然気づかなかった…
お店にドッグランとか作るのはどうですか！
そんなの無理に…
まあまあ無理かどうかは別にして
いいアイデアがないかみんなで話し合ってみましょうよ
あの…
商品をレンタルできるようにするのはどうでしょうか
レンタルならお店にペットを連れてくる必要はないし
レイアウトや本当に使ってくれるのかも試せると思います

確かに…購入以外の手段を提案できるのはいいことだよね
レンタル代を取ったとしても
購入するときにその分割引すれば利用してくれる人がいそうですよね
うん
じゃあこういうのはどうでしょう！
あ 僕も思いついた！
うむ！
活発で有意義な会議だった
パタン

よし！
この企画を
役員会議に
かけてみよう
じゃないか！
ほんとですか！
やったあ〜!!

第４章
解説

01 ＫＪ法の応用～会議編①

問題提起で会議の質を上げる

この章では、ここまで解説してきたＫＪ法を応用する方法を紹介します。一つ目は会議の場面においてです。

まずは会議に出席しているメンバーの頭にある、「今、何を問題にしようとしているか」ということを発言し合う**問題提起**を行います。

このときの発言は、会議の記録係が一言に分解・要約して付箋などに書き込んでいきます。この付箋を基にＡ型もしくはＡＢ型の手法を使って、構図を組み立て、さらに問題を一行に圧縮していくことで、今抱える問題の全体像がひと目でわかるようにします。

第１章でも触れましたが、この問題提起を行うことで、「なんとなくわかっているつもり」だった**会議の目的をメンバー間の共通認識にする**ことが容易になります。

その共通認識があれば、間違った方向性で会議が進むことなどを防ぐことができます。

この問題提起がもたらす効果は会議だけではありません。問題の輪郭がはっきりと見えたことで頭に残り、その問題にかかわりのある（かもしれない）情報を日頃から気にするようになります。

そして、「今後の企画作りや会議などで役立つかもしれない」と、見つけた情報をノートやスマートフォンのメモ機能などに控える習慣がついてきます。つまり、**外部探検のときのアンテナの感度が上がる**のです。

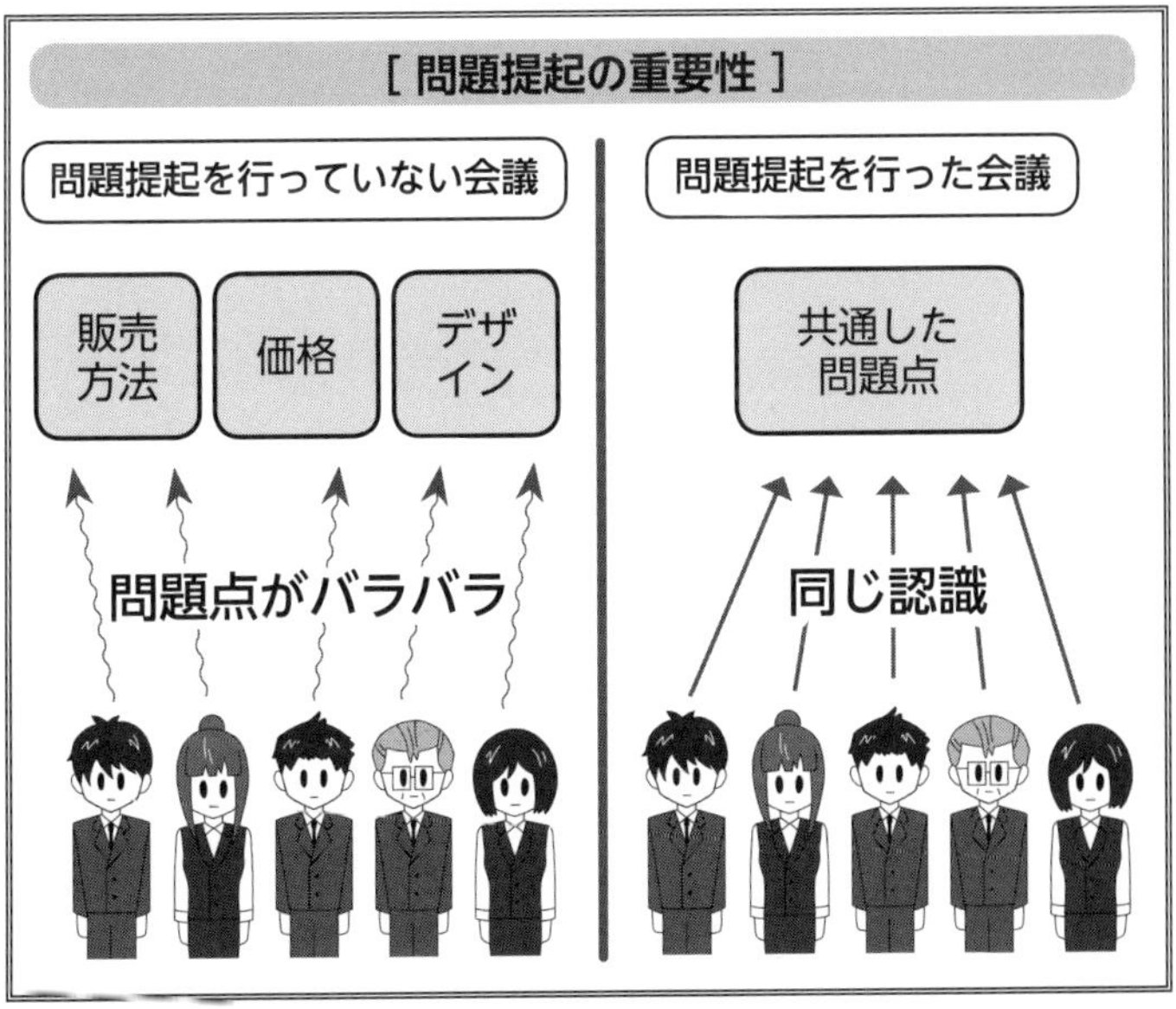
[問題提起の重要性]
問題提起を行っていない会議
販売方法
価格
デザイン
問題点がバラバラ
問題提起を行った会議
共通した問題点
同じ認識

02 KJ法の応用～会議編②

自由な発言を図解にまとめ、評価する

次に、目の前に図解化された問題に対して、関係があると思う情報をメンバーに自由に発言してもらいます。ここではブレーンストーミングのように「批判はしない」ことが大切です。「自由な発言は収拾がつかなくなる」と考える人もいるかもしれませんが、KJ法を使うことできちんとまとめることができます。問題に対してメンバーが思うことを、できるだけいろいろな視点から集めましょう。

各メンバーの発言は「問題提起」のときと同じように付箋に記していき、A型の手法で図解化していきます。ここでポイントとなるのは、この段階で一度、これまでの**図解化の経緯と図解の内容を皆で再確認する（フィードバック）**という作業です。メンバーのうち、誰か一人（企画の中心人物でもいいですし、持ち回りでもいいです）が口頭で説明していきま

す。

こうしたフィードバックは面倒に思えるかもしれませんが、人は他人の意見を自分の好き嫌いで取捨選択するものです。すべての意見をわかったつもりでも、頭に残っている情報は人によってさまざまです。そうした**各自の頭の中の偏りをならしていく**のが、フィードバックの役割になります。

図解化したら各付箋の優先順位をつけていきます。評価判断の結果、「とるべき道はこれ」というものが見えたら、メンバー間で多数決をとって、最終結論とします。会議での応用法の一連の流れは以上です。

[少数意見も尊重する]

仮に主題とは関係がない意見があったとしても……

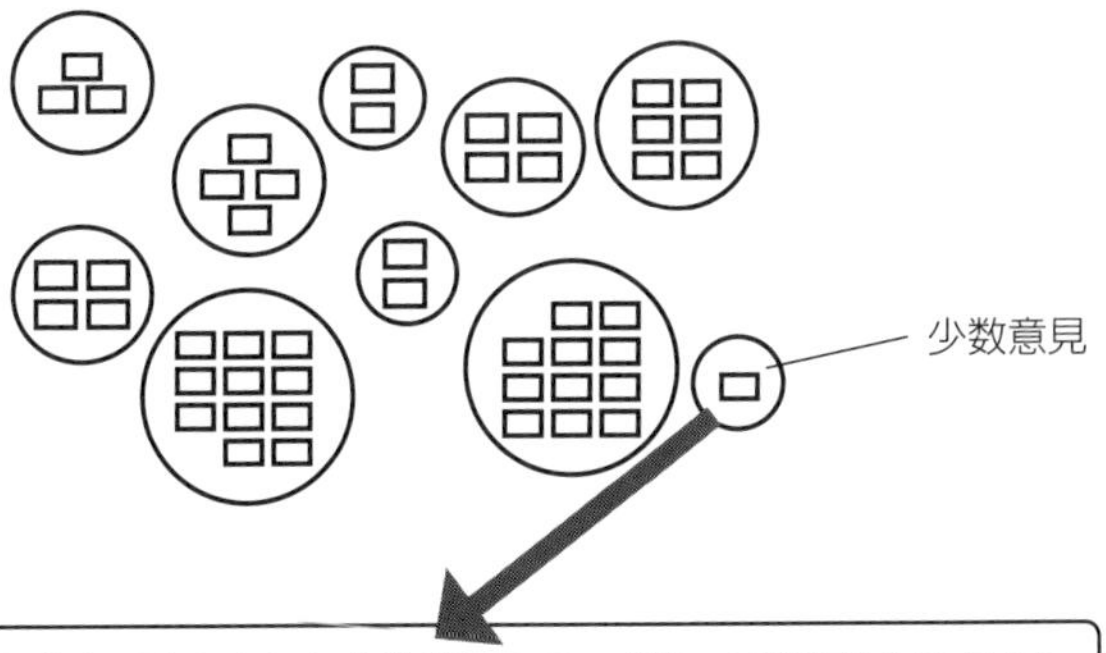

位置づけに困るような少数意見こそ、新しく問題を考え直すためのきっかけになることが多い

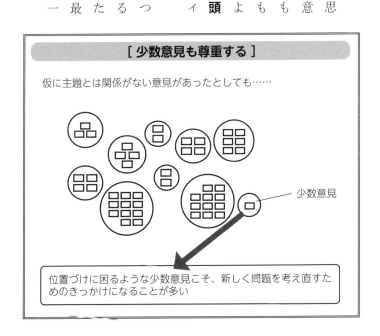

第4章

解説

03 ＫＪ法の応用〜職場のチームワークに

ＫＪ法で職場の「横のつながり」を強くする

会議編で解説した、「今何が問題なのか」を図解化し、共通の目標を確認する作業は、新しい仕事のスタート時や引き継ぎ時など、オフィスや店舗といった会議以外の職場でも活用できます。前提として、仕事の分担や割り振りなどを考える際、部や課、プロジェクトチーム、店舗といったグループ内の全体の状況を把握せず、ただやみくもに仕事を振ってしまったら、一部の人員に過度の負担を強いることにもなりかねません。

そんなときにはまず、発生する仕事内容をテーマにA型図解の作成をしましょう。そして、作成したA型図解の上に区画線を引いていき、各区画に担当者の名前を書きます。これで全体を把握しながら各仕事の担当者を考えていくことができます。

各担当者の視点でみれば、図解化した時点で、それぞれの島（仕事内容）の関係性も明ら

かになっているはずなので、**自分の島と関係性の強い島がどこなのかがすぐ理解できます**。

関係性の強い島の人とは、連絡や連携を密に取っていく必要性を感じるはずですから、「上司と部下」といった縦のつながりではなく、**「各チーム同士」の横のつながりを強化できます**。これが職場でのチームワークを向上させていく要因となるのです。

また外部探検に出かけるときも問題提起の図解に区画線を引き、各項目の担当者の名前を書いていけば、効率的に手分けして外部探検を行えます。

[A型図解を使った役割分担]

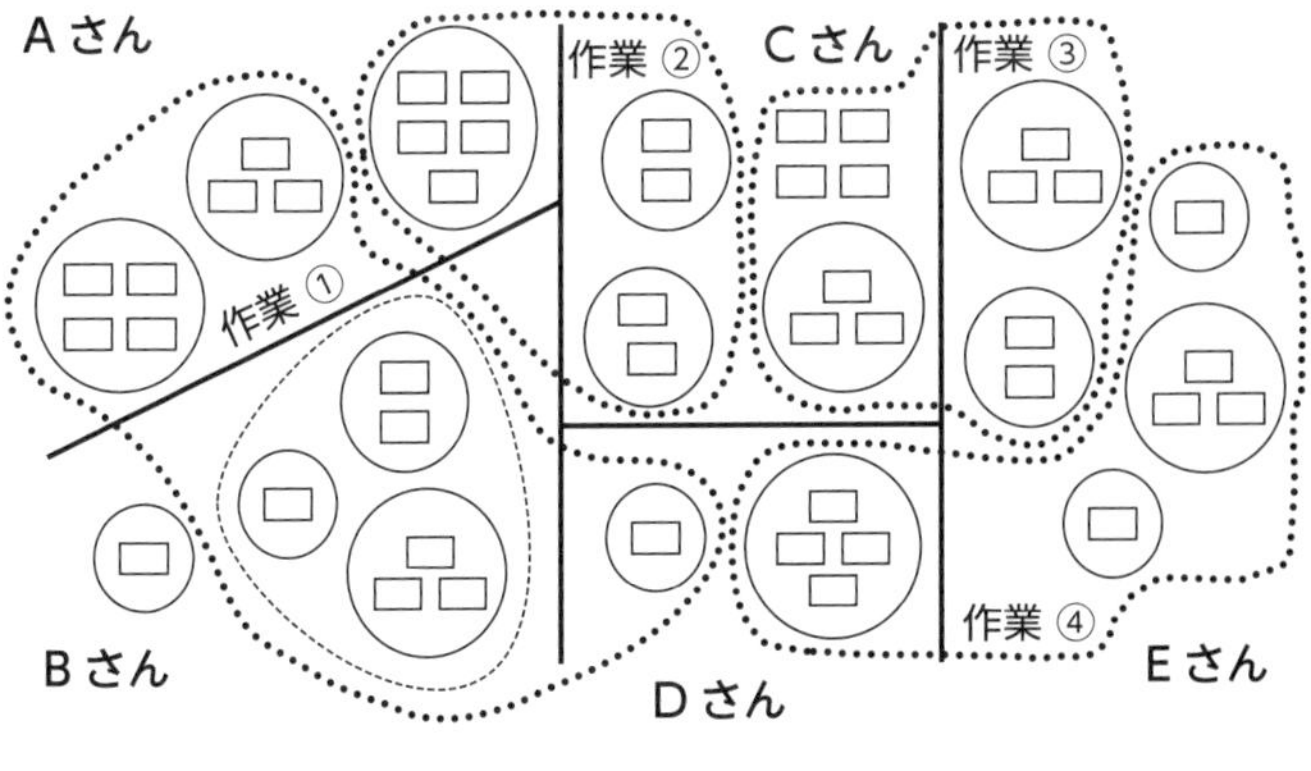
Aさん
作業 ②
Cさん
作業 ③
作業 ①
作業 ④
Bさん
Dさん
Eさん

横のつながりがわかりやすくなり、チームワークが向上する

第4章
解説

04 KJ法の応用〜説得の技法として

「意味のある」反対と「意味のない」反対

社内での企画のプレゼンで、「せっかく出した企画なのに、ほとんどのメンバーに反対された……」といった経験をしたことがある人も多いのではないでしょうか。実は、提案への反対のうち「提案の意図や内容を理解した上で反対している」のは、1〜2割に満たないとされています。

では残りの8〜9割は何か。それは**「そもそも提案の性格（意図や内容）自体がわからない」**ことが原因です。つまり、ほとんどが「意味のない」反対なのです。ですから、まずは提案内容をしっかりと理解してもらうことが大切です。そこで活用できるのがKJ法A型です。

自分の提案をただ話すのではなく、企画内容をA型図解に落とし込み、図解のポイント

などを口頭で説明するだけでも、聞き手側の理解度は格段に上がります。

また反対の声の残り1、2割は、提案内容のうち「どの部分の内容に反対」かということが明らかなので、その点に絞った討論が可能です。このような討論の中から、「第三の道」として**まったく思いもよらなかった新しい発想が生まれる**ことが多々あります。

過去に一度はあきらめた企画も、A型の手法を使って説得した上で反対意見とすり合わせることで、さらに新しいアイデアが詰まった企画へと生まれ変わらせてみましょう。

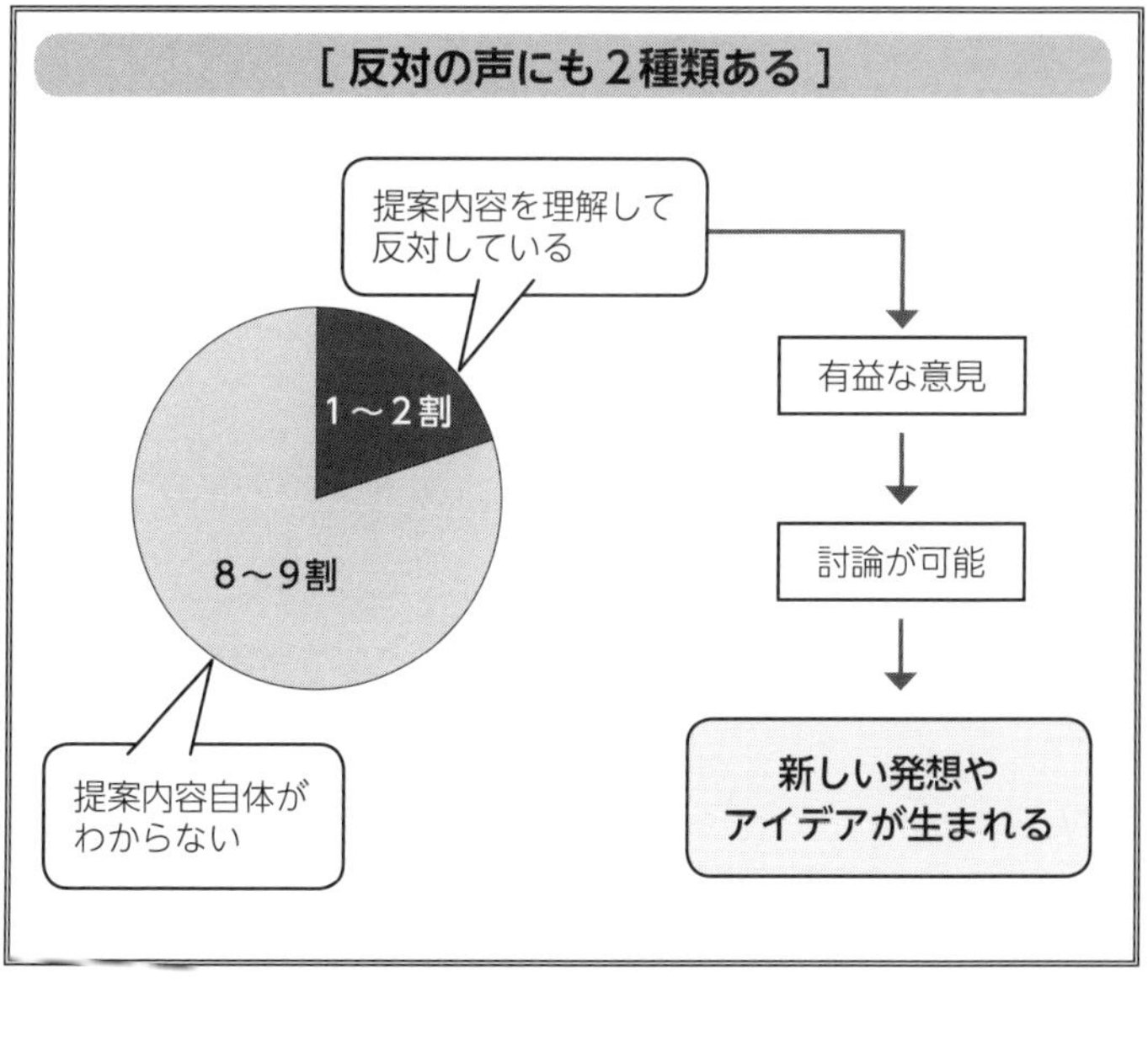

KJ法の図解＆文章例

最後に、KJ法を行った場合の具体例の一つを参考として掲載します。
こちらは、「企業教育が人間の真の成長に役立つためには」を
テーマに行われたKJ法の図解です。
次のページで、こちらの図解を文章化したものも紹介します。

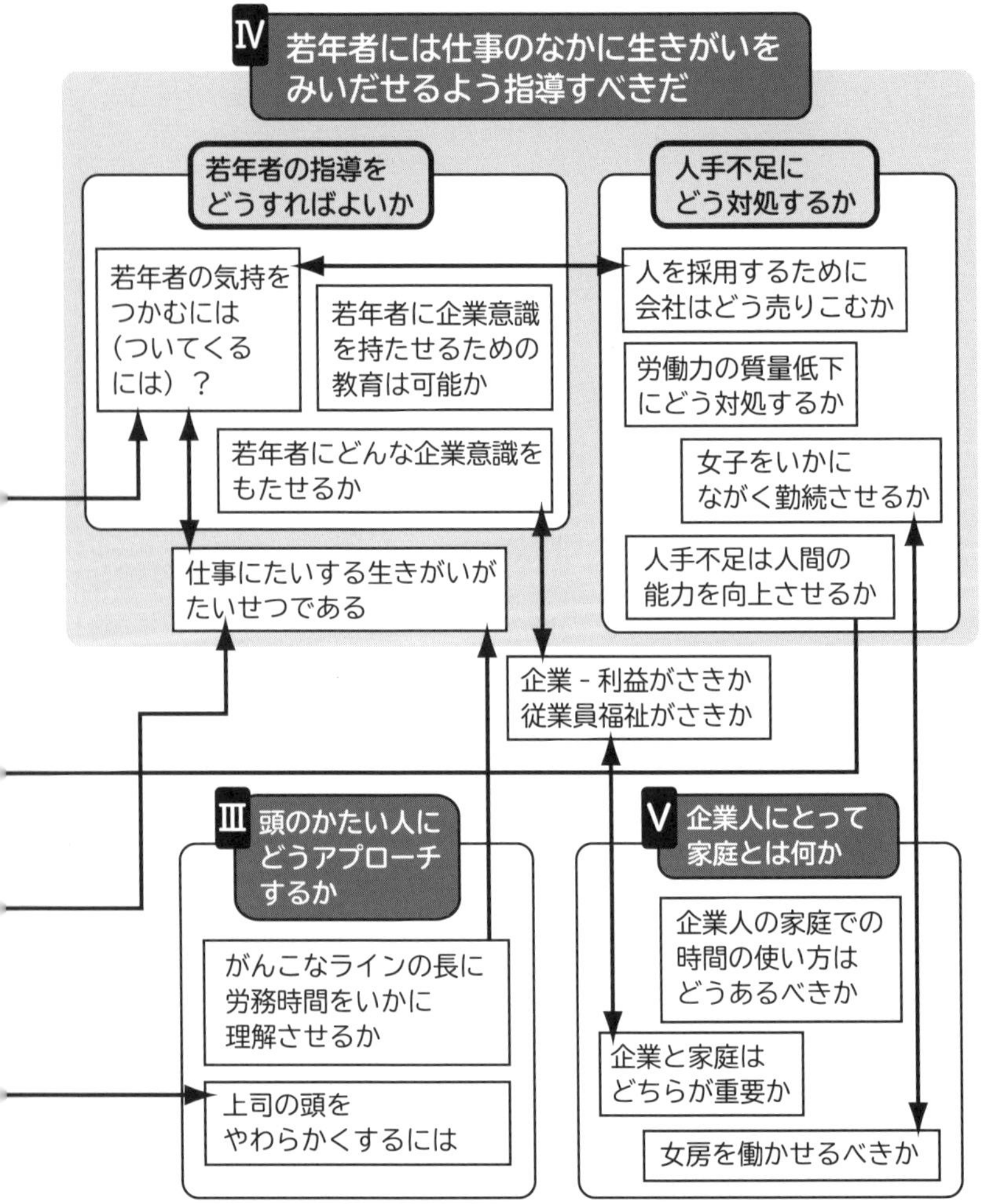

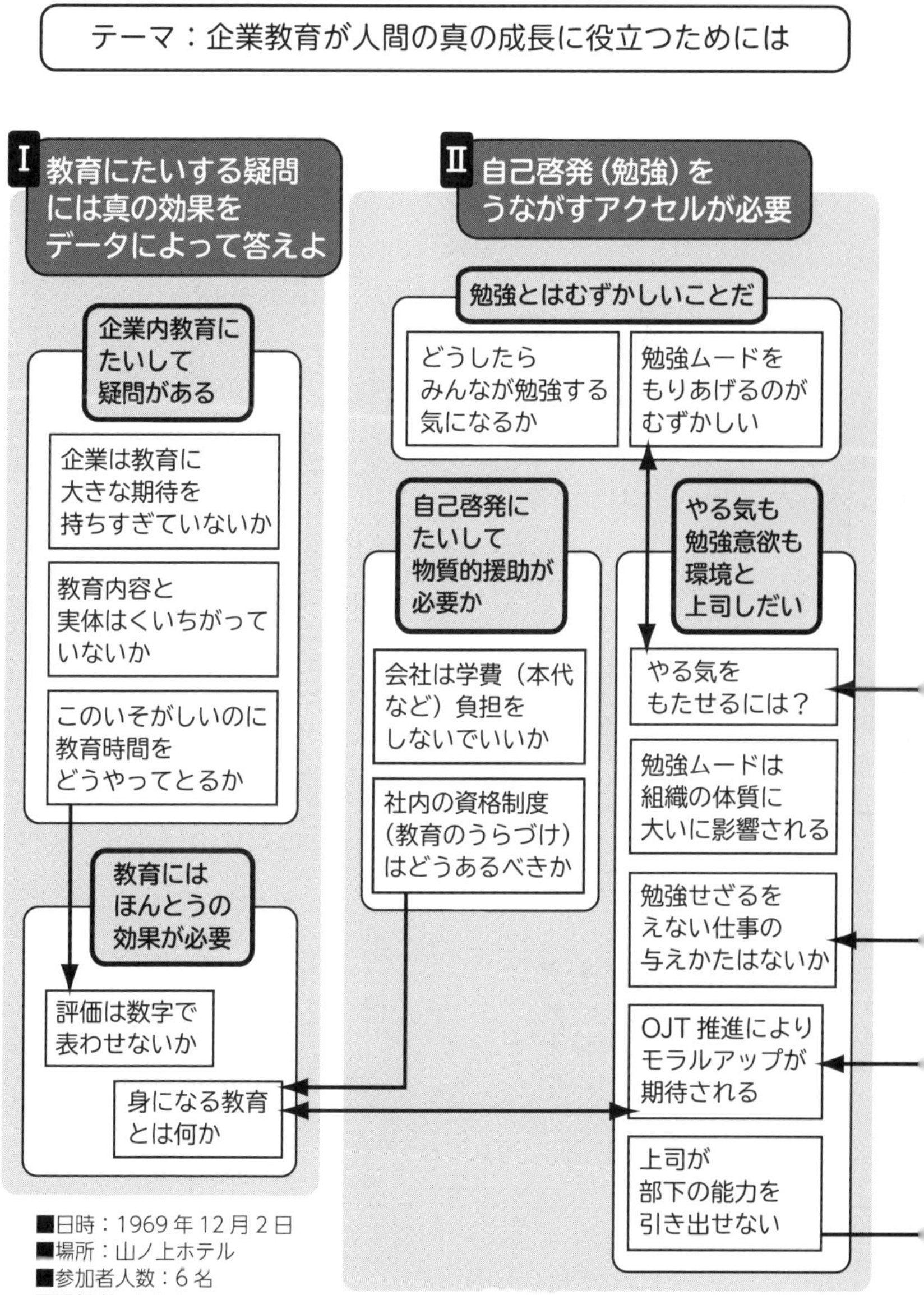

■日時：1969 年 12 月 2 日
■場所：山ノ上ホテル
■参加者人数：6 名
■記録者：I さん

図解を文章化してみると

I まず、教育にたいする疑問には、真の効果をデータによって答えよ。現在、企業は、教育に大きな期待をかけすぎているのではないか。教育内容と企業の実体はくいちがっていないか。（あまり思わしい効果をあげることのできなかった体験にもとづく反省であろうか。そして効果にたいする疑いは）このいそがしいのに教育時間をどうやってとるか（すなわち、教育は非生産的ではないか、という疑問ともなる）。

また、ほんとうの効果をあげたいという見地からは、効果にたいする評価を数字で示すことはできないか。さらに、身になる教育とはなにかということが問題となる。

II 自己啓発（勉強）をうながすアクセルが必要である。

どうしたらみんなが勉強する気になるか。勉強しようというムードをもりあげるのがたいへんむずかしい。では、やる気をもたせるには、どうしたらよいか。勉強ムードは、組織の体質に大いに影響されるものである。また、仕事そのものとの直接のかかわりあいも重要視されねばならない。仕事に即した訓練（ＯＪＴ）を推進することによって、モラルアップが期待できるだろう。これは **I** の「身になる教育とはなにか」と相互に関連する。勉強せざるをえない仕事の与えかたはないだろうか。上司が部下の能力を引きだせないようではだめである。やる気がおきるかおきないかは、環境と上司しだいである。

（会社の制度について考えてみよう。）会社は、学費（本代など）の負担をしないでいいのか。社内の資格制度（教育のうらづけ）はどうあるべきか。これらは、自己啓発にたいして物質的援助が必要かどうかの問題である。

III 頭のかたい人にどうアプローチするか。

上司の頭を柔らかくするにはどうしたらよいか。（考えかたに柔軟さがなく、自分の体験だけに固執する人が上司だと、部下にやる気をなくさせる。）頑固なラインの長に労務問題をいかに理解させるか。

Ⅳ 若年者には、仕事のなかに生きがいを見出させるように指導すべきだ。

若年者の気持をつかむにはどうしたらよいか。仕事のうえで、ついてこさせるにはどうしたらよいか。若年者に企業意識を持たせるための教育は可能なのだろうか。若年者には、どんな企業意識をもたせたらよいのだろうか。

若年者の気持をどうやってつかむかということは、人を採用するために会社をどう売りこんだらよいのかという問題と相互に関連する。人手不足に悩む企業にとって重要な問題である。また、人手不足の現状のなかでは、労働力の質と量の低下にどう対処するか、女子をいかにながく勤続させるか、が問題である。（禍を転じて福とすることはできないか。）人手不足は、人間の能力を向上させるのに役だたないか。この問題は**Ⅱ**の勉強せざるをえない仕事の与えかたを工夫するという方向で考えていくべきものであろう。

以上述べてきた四グループの問題の焦点として浮かびあがるのが、仕事をめぐる生きがいの大切さである。やる気をもたせることも、若年者の気持をつかむことも、これと相互につながる問題である。頑固なラインの長に労務問題をいかに理解させるかという問題にもつながる。

Ⅴ 企業人にとって家庭とはなにか。

企業と家庭はどちらが重要か。これは、**Ⅳ**のどんな企業意識をもたせたらよいか、とうらはらの問題である。企業にとって、利益がさきか、従業員の福祉がさきか、という形で集約される。角度をかえれば、企業人の家庭内での時間の使いかたはどうあるべきか、ということになる。また、女房を働かせるべきかという問題もある。

（『続・発想法』より）

ヤチヨ
ヤチヨ
ヤチヨ
いまだに信じられないや
私たちの企画が会議を通過して商品化されるなんて
しかも今日発売だよ!?
うわー 緊張してきたー
大分前に決まってたことなのに今さら緊張って…
てかなんでその制服なの？
こっちのほうが気合いが入るかなって
ヴヴー

大谷さん
からだ
もしもし
ごめーん
お店までの道が混んでて
開店に間に合いそうに
ないんだ
君たちは先に
売り場へ
行っててくれ
ゴメーン
わかりました
大谷さん遅れるって
先に行ってようか
うん!

え…猫？
こんにちはー
どうですこれ新商品なんですけど
へえ～
猫用の…お家？ていうか売り場に猫までいるってすごいですね
実際に猫ちゃんが使っているのを見てもらうのが一番かなと思って頑張りました

この商品を
売るときに
どうしても猫が
使っているのを
見せたいんです！
千夏ちゃんには
お店にいたときに
頑張ってもらっていたから
協力したいんだけどね…
猫なんて
どうやって
用意するんだい
ゴソ
ゴソ
そのアイデアを
ここで一緒に
考えるんですよ

実はこのお家は
ウチで販売している
カラーボックスとサイズを
揃えているので
ス
ここに入れるだけで
猫ちゃんのお家兼
収納ボックスになるんです
ポ
他にもあちらのベッドは
人間用のベッドと高さが
同じなので
並べれば一緒に
寝ることもできますし
ベッド自体が
収納ボックスに
なってるんですよ
open!
これ欲しいけど
ちゃんと使って
くれるかしら…？
商品のレンタルもしているので
もし興味がありましたら
スタッフにお声がけくださいね
へー家具のレンタルも
やってるんだ

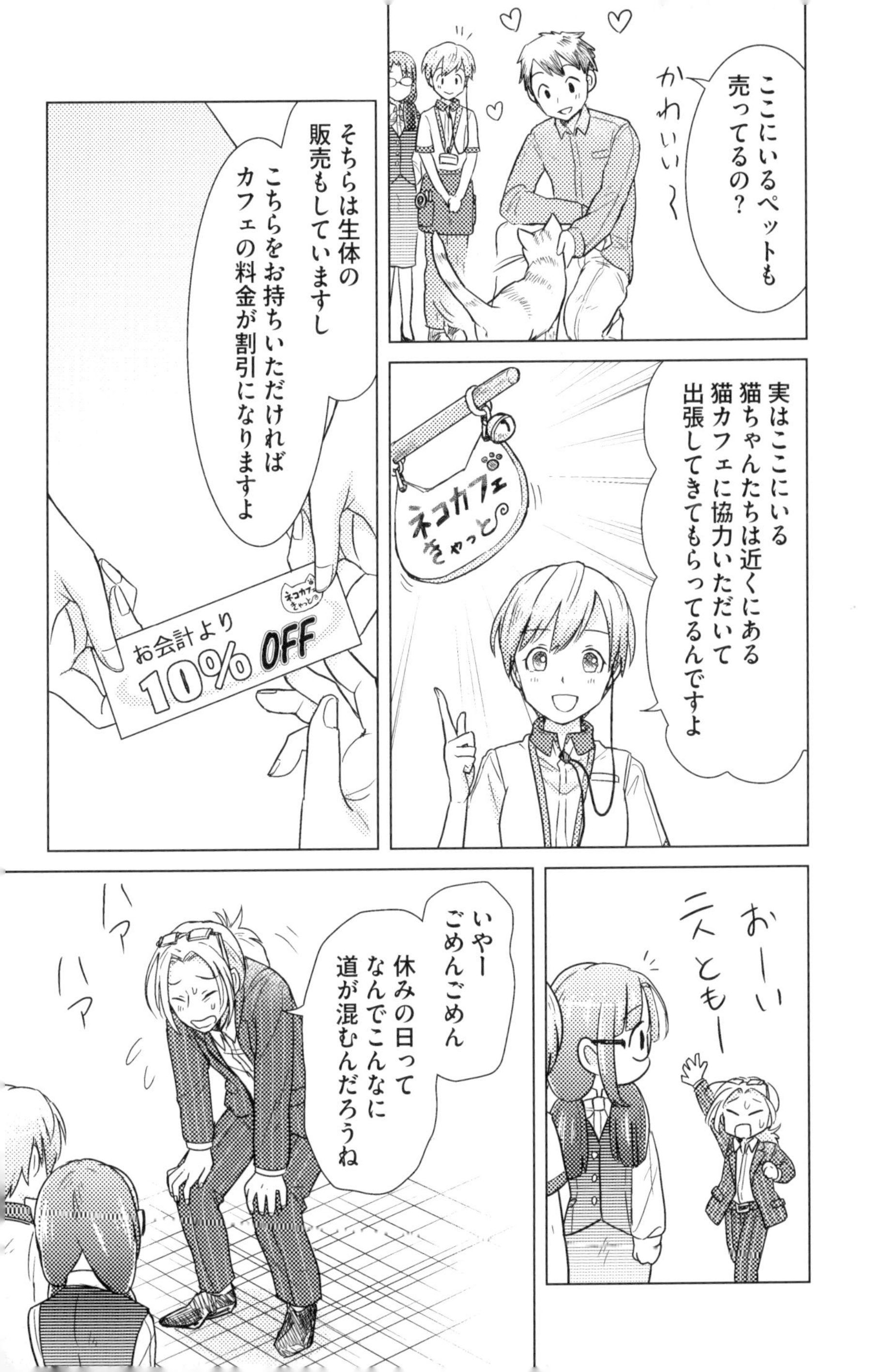
ここにいるペットも売ってるの?
かわいい〜
実はここにいる猫ちゃんたちは近くにある猫カフェに協力いただいて出張してきてもらってるんですよ
ネコカフェきゃっと
そちらは生体の販売もしていますし
こちらをお持ちいただければカフェの料金が割引になりますよ
お会計より
10% OFF
おーい二人ともー
いやーごめんごめん
休みの日ってなんでこんなに道が混むんだろうね
ハァハァ

現実　理想
そういうときは電車で来ればいいんですよ
混むのがわかってるんですから早めに出ればいいだけじゃないですか
二人とも言うことが相変らずだなぁ…
そうですか？自分では結構変わったと思うんですけど
私も…
あれだけ向いていないと思っていた企画職ですけど今はそう思いません
確かに…君たちは僕が教えたことをしっかり役立てて企画を通した
成長したね

新しい発想を生むためには「考え続けること」が大切だよ
この商品もここだけじゃなくて全国で売っているからね
きっと面白いデータが集まるぞ
そこから新しいアイデアや売り方を思いつくかもしれませんね
データを集めてその中から新しいアイデアを見つけていく
ですよね！
緑川

本書は、１９６７年６月発行の『発想法』および１９７０年２月発行の『続・発想法』（いずれも中公新書）を再編集し、まんが化したものです。

「ＫＪ法」は、株式会社川喜田研究所の登録商標です。

本書に掲載されている情報は、株式会社川喜田研究所に帰属します。

原作　川喜田 二郎（かわきた・じろう）

1920年（大正9年）、三重県に生まれる。1943年、京都大学文学部地理学科卒業。大阪市立大学助教授、東京工業大学教授、筑波大学教授、中部大学教授を経て、KJ法本部川喜田研究所理事長、元社団法人日本ネパール協会会長、ヒマラヤ保全協会会長。民族地理学専攻。理学博士。1958年、西北ネパール学術探検隊長。昭和53年度秩父宮記念学術賞、マグサイサイ賞、経営技術開発賞、福岡アジア文化賞受賞。2009年7月、逝去

監修　川喜田 喜美子（かわきた・きみこ）
KJ法本部川喜田研究所所長。川喜田二郎とともに研究開発を行い、約70年にわたって数多くの企業・団体、教育界、地方自治体の地域開発などにKJ法の技術指導を行う。

編集協力	株式会社サイドランチ
まんがシナリオ	藤本 あきら
まんが協力	さのかける、狐塚あやめ、おさけ
本文デザイン	松崎 知子
DTP	株式会社ディ・トランスポート
イラスト	sonio
装幀	中央公論新社デザイン室

まんがでわかる 発想法《はっそうほう》 ひらめきを生《う》む技術《ぎじゅつ》

2019年2月25日　初版発行

原　　作　川喜田二郎《かわきたじろう》
作　　画　山田《やまだ》しぶ
発 行 者　松田陽三
発 行 所　中央公論新社
〒100-8152　東京都千代田区大手町1-7-1
電話（販売）03-5299-1730　（編集）03-5299-1740
URL　http://www.chuko.co.jp/
印刷・製本　大日本印刷

©2019 Kimiko KAWAKITA

Published by CHUOKORON-SHINSHA, INC.
Printed in Japan ISBN978-4-12-005168-5 C0030

定価はカバーに表示してあります。落丁本・乱丁本はお手数ですが小社販売部宛お送り下さい。
送料小社負担にてお取り替えいたします。

●本書の無断複製（コピー）は著作権法上での例外を除き禁じられています。
また、代行業者等に依頼してスキャンやデジタル化を行うことは、たとえ個人や家庭内の利用を目的とする場合でも著作権法違反です。

好評既刊

累計140万部越えの大ベストセラー KJ法の真髄がここに

ここで語られる「発想法」つまりアイディアを創りだす方法は、発想法一般ではなく、著者が長年野外研究をつづけた体験から編みだした独創的なものだ。「データそれ自体に語らしめつつそれをどうして啓発的にまとめたらよいか」という願いから、ＫＪ法が考案された。ブレーン・ストーミング法に似ながら、問題提起→記録→分類→統合にいたる実技とその効用をのべる本書は、会議に調査に勉強に、新しい着想をもたらす。

前著『発想法』で公開したＫＪ法の実技をさらに発展させ、加えて実例・応用例・図解等を豊富にとりいれた本書は、自己革新のために、会議運営の効率化のために、新製品開発のために、チームワークのために、あるいはカウンセリングにと、その効用は著しいものがある。情報化社会といわれる今日、ソフトウェアのなかのもっともソフトな部分をうけもつＫＪ法の効力が再確認されている。『発想法』との併読をとくにおすすめしたい。

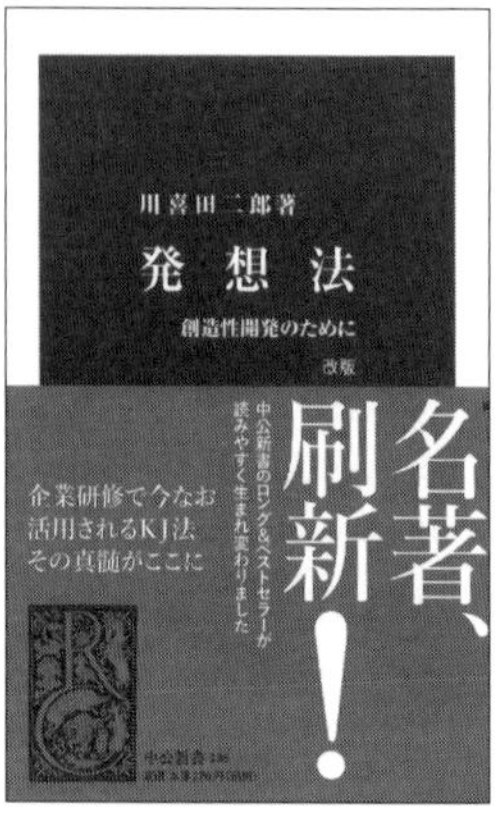

発想法 改版

創造性開発のために

川喜田二郎／著

●新書判　●定価:本体720円(税別)

続・発想法

KJ法の展開と応用

川喜田二郎／著

●新書判　●定価:本体820円(税別)